소피의 세계 1

소피의 세계 1

초판　　1쇄 발행　　　1994년 12월　5일
초판　57쇄 발행　　　2015년　8월 21일
개정판　1쇄 발행　　　2015년 12월 23일
개정판 11쇄 발행　　　2024년 11월 30일

지은이　　　요슈타인 가아더
옮긴이　　　장영은
감수　　　　김상봉
펴낸이　　　조미현

편집주간　　김현림
일러스트　　윤예지
디자인　　　나윤영 · 유보람

펴낸곳　　　(주)현암사
등록　　　　1951년 12월 24일 제10-126호
주소　　　　04029 서울시 마포구 동교로12안길 35
전화　　　　02-365-5051
팩스　　　　02-313-2729
전자우편　　editor@hyeonamsa.com
홈페이지　　www.hyeonamsa.com

Sofies verden by Jostein Gaarder

ISBN　　　978-89-323-1763-2　04160
ISBN　　　978-89-323-1762-5　04160　(세트)

소설로 읽는 철학

소피의 세계

1

요슈타인 가아더

장영은 옮김

현암사

지난 3,000년을

설명할 수 없는 이는

하루하루를 어둠 속에서

아무것도 모르는 채 살아가게 되리라.

- 괴테

한국의 독자들에게

몇 년 전, 나의 어린 아들이 서울이 어디에 있느냐고 물은 적이 있습니다. 나는 땅 아래쪽을 가리키면서 '이 밑에' 있다고 대답했습니다. 내가 있는 곳과 한국은 서로 지구 반대편에 있기 때문에 그렇게 얘기한 것이지요. 그때 아들은 서울 올림픽에 참가한 그 많은 사람이 지구의 밑바닥에 있으면서 왜 우주 공간으로 떨어지지 않는지 이해하지 못했습니다.

그러나 위가 아래가 되고 아래가 위가 될 수 있지요. 지구의 같은 쪽에 살든 반대쪽에 살든, 우리는 모두 삶과 존재에 대해서 똑같은 의문을 지닌 인간입니다.

인간이란 무엇인가?

세계는 어디에서 생겨났는가?

우주에는 신이 존재하는가?

세계는 스스로 존립한다고 할 수 있는가?

의식이란 무엇인가?

세계는 내가 감각을 통해 보는 것과 똑같다고 확신할 수 있는가?

올바른 삶이란 무엇인가?

죽음 뒤에도 삶이 존재할까?

『소피의 세계』는 철학사에 관한 소설입니다. 그러나 단순히 소설만은

아니며, 또한 철학에 관한 책만도 아닙니다. 『소피의 세계』는 철학 정신
에 관한 역사적 배경을 그린 책입니다.

한국의 독자들에게 책 읽는 즐거움과 함께 행운이 깃들기를 바랍니다.

1994년 12월

요슈타인 가아더

『소피의 세계』 출간 20주년을 맞으며

철학에 대한 질문은 시대의 변화와는 상관없이 항상 같은 것인가? 그 대답은 그렇다고도 할 수 있고, 그렇지 않다고도 할 수 있습니다. 인간은 수천 년에 걸쳐 우주의 본질에 대한 질문, 존재적 관점에서 본 인간의 위치에 대한 질문 등 많은 근본적인 질문들을 고찰해왔습니다. 그렇습니다. 어떤 이유에선지 세상은 항상 우리에게 철학적 사고를 해보라고 요구해왔던 것 같기도 합니다. 그리고 우리 인간은 스스로의 존재에 대해 경이감을 품는 걸 멈추지 않았습니다.

가끔은 우리 주변에 급작스러운 변화가 일어나는 바람에 생각지도 않았던 완전히 새로운 질문들이 고개를 들기도 합니다. 컴퓨터공학의 인공 지능이 바로 그 예입니다. 로봇이 의식 또는 자의식을 소유할 때가 과연 오기는 할 것인가? 인간의 뇌는 어떻게 작용하는가? 인간과 기계의 차이점은 무엇인가?

또 다른 예는 현대 자연과학과 관련된 것입니다. 이것은 자연과 생물이 무엇으로 만들어졌는가 하는 원론적 질문에 근거를 둔 것이기도 합니다. 이에 우리는 오늘날 이렇게 자문합니다. 빅뱅이 초래했던 생명의 필수적 조건은 무엇이었던가?

하지만 이 모든 것을 밀어놓고, 우리 시대에 가장 중요한 철학적 질문을 들자면, 바로 이런 질문을 생각해볼 수 있습니다.

우리는 어떻게 하면 이 지구 위 모든 삶의 근본적 요소와 인류 문명을 보존할 수 있는가?

이 질문은 저도 가끔 자문해왔던 질문과 부합합니다. 만약 20년 전이 아니라 지금의 제가 『소피의 세계』를 쓴다고 가정하면 과연 저는 그때 와는 다른 새로운 질문에 더 무게를 두게 될까요? 그 대답은 분명 그렇다 입니다. 오늘날 제가 철학 소설을 쓴다면, 저는 지구에서 인간이 어떻게 삶의 터전을 영위할지에 대해 더 큰 중점을 두고 글을 쓸 것 같습니다.

『소피의 세계』가 출간된 지 20년밖에 되지 않았지만, 이제 그 시간들을 돌이켜보니 그때는 왜 이 같은 질문들에 큰 무게를 두지 않았는지 이상하게만 느껴집니다. 그 이유는 아마 지난 20년 동안 우리가 기후와 생물학적 다양성에 대한 새로운 지식과 의식을 얻게 되었기 때문이 아닐까요.

모든 윤리의 가장 중요한 근본은 중용의 법칙, 또는 상호주의 법칙이라 할 수 있습니다. 내가 원하지 않는 것은 타인에게도 강요하지 않는다는 법칙 말입니다. 달리 말하자면, 타인이 내게 무언가를 해주기를 바라는 만큼 우리도 타인에게 무언가를 해주어야 한다는 것입니다. 우리는 지금까지 윤리의 관점을 점진적으로 넓혀왔습니다. 그 획기적인 이정표로써 1960~1970년대의 사회주의라는 움직임을 들 수 있습니다. 상호주의 법칙은 나라 간 국경은 물론 전 세계에 적용되는 것입니다.

하지만 중용의 법칙은 초기의 차원을 벗어나 이해할 때가 되었습니다. 즉 나와 타인이 아닌 '우리'와 '너희'로 이해해야 하는 것입니다. 여기에 발맞추어 이제 상호주의 법칙 또한 수평적이 아니라 수직적 차원으로 이해해야 할 때가 오지 않았나 생각합니다. 다시 말해 이전 세대가 우리 세대에게 무언가를 해주기를 바랐던 것처럼, 우리도 다음 세대를 위해 무언가를 해주어야 한다고 말입니다.

너무도 간단하지 않은가요. 우리의 후세를 내 몸처럼 사랑하고 보살 피는 일 말입니다. 여기엔 그다음 세대도 포함되며, 또 이 지구상에 태어 날 앞으로의 모든 세대도 포함됩니다.

지구 위의 인간들은 동시적 삶을 산다고 할 수는 없습니다. 전 인류가 동시에 삶을 유지할 수도 없는 노릇입니다. 이 지구에는 우리 이전에도 사람들이 살고 있었고, 우리 이후에도 사람들의 삶은 이어질 것입니다. 물론 그들도 '우리'에 포함됩니다. 우리는 서로를 대하듯 다음 세대 또 한 '우리'라는 동지의식을 가지고 대해야 할 것입니다.

이렇듯 문제는 너무도 간단합니다. 우리는 이 지구의 가치를 살리고 보존하여 다음 세대에게 물려주어야 하는 것입니다. 우리가 물려받은 것보다 훨씬 더 적은 것을 다음 세대에게 물려줄 수는 없으니까요.

2015년

요슈타인 가아더

(노르웨이어 번역 손화수)

차례

1부

2부

3부

1부

에덴동산

…… 어느 순간에 그 무엇이 무(無)에서 생겨났으리라 ……

소피 아문센은 학교에서 집으로 돌아오는 길에 친구 요룬과 로봇에 대해 이야기했다. 요룬은 사람의 두뇌가 복잡한 컴퓨터 같다고 했지만 소피는 내심 동의하지 않았다. 인간이 기계보다 나아야 하나?

슈퍼마켓 근처에서 둘은 헤어졌다. 소피는 대규모 주택단지의 변두리에 살고 있어서 등하굣길이 요룬에 비해 거의 두 배나 되었다. 소피네 정원 뒤로 숲이 펼쳐졌기 때문에 소피네 집은 세상의 끝에 있는 듯했다.

이제 소피는 클뢰베르베이엔으로 접어들었다. 이 길의 끝은 비탈지고 휘어져서 '선장의 꼬부랑길'이라고 불렀다. 주말이 아니고서는 이 길에서 사람들을 보기 어려웠다.

그날도 그런 날들 가운데 하루인 5월의 첫날이었다. 마을의 여러 정원에는 과일나무를 둘러싸고 수선화가 흐드러지게 피었다. 자작나무들은 이미 푸른 잎사귀들로 얇은 커튼을 드리우고 있었다.

어떻게 모든 것들이 이 계절에 피어나고 자라나기 시작하는지 이상하지 않은가? 어떻게 생명이 없는 흙에서 수많은 녹색 식물이 솟아나고, 왜 날씨가 따뜻해지면 마지막까지 남아 있던 눈이 사라지는 걸까?

소피는 정원 문을 열면서 우편함을 살폈다. 대개 그 안엔 많은 광고 전단지와 엄마 앞으로 온 큰 편지봉투들이 있어서 소피는 숙제하러 방으로 들어가기 전에 그 두꺼운 우편물 뭉치를 부엌 식탁 위에 올려놓곤 했다.

가끔 아빠 앞으로 청구서가 배달됐지만 소피의 아빠는 평범한 가장은 아니었다. 그는 유조선 선장이어서 한 해의 대부분을 항해 중이었다. 몇 주 동안의 휴가를 얻어 집에 돌아오면 슬리퍼를 끌고 집 안 구석구석을 다니며 소피와 엄마를 정성껏 돌보았다. 그러나 바다로 떠난 아빠는 멀게만 느껴진다.

오늘은 커다란 초록색 우체통에 작은 편지 한 통이 달랑 들어 있었다. 소피에게 온 편지였다.

작은 편지봉투에는 '클뢰베르베이엔 3, 소피 아문센'이라고만 적혀 있을 뿐 보낸 사람의 이름도 없었다. 우표도 붙어 있지 않았다.

소피는 문을 닫고 편지봉투를 뜯어보았다. 그 안엔 봉투보다 크지 않은, 아주 작은 쪽지가 들어 있었고 이렇게 적혀 있었다.

너는 누구니?

인사말도 보낸 사람 이름도 없이 손수 적은 이 네 글자만 커다란 물음표를 달고 있었다.

소피는 다시 한 번 봉투를 찬찬히 살펴보았다. 다시 봐도 분명 편지는 소피에게 온 것이다. 누가 이 편지를 우리 집 우체통에 넣었을까?

소피는 얼른 집 안으로 들어갔다. 소피가 문을 닫기 전에 평소처럼 고양이 세레칸이 덤불에서 기어나와 층계참으로 뛰어올라 집 안으로 미끄러져 들어갔다.

"야옹, 야옹, 야옹."

소피 엄마는 기분이 나쁠 때마다 우리 집을 동물원이라고 했다. 다양한 동물들이 모여 있는 동물원. 그런 면에서 소피에게도 동물원이 있다고 할 만했고 충분히 행복을 얻었다. 맨 처음 소피는 금붕어 '황금고수머리', '빨간 모자' 그리고 '까만 피터'가 담긴 어항을 선물 받았다. 그 뒤에 앵무새인 톰과 제리, 거북이 고빈다, 마지막으로 누런 고양이 세레칸을 키우게 되었다. 소피의 엄마는 오후 늦게 퇴근하고 아빠는 아주 멀리 가 있기 때문에 이 동물들이 소피에게 친구가 되어주었다.

소피는 책가방을 구석에 던지고 고양이 먹이를 접시에 담아 세레칸 앞에 놓아주었다. 그러고는 그 이상한 편지를 들고 부엌 의자에 앉았다.

너는 누구니?

전혀 모르겠다! 그녀는 당연히 소피 아문센이지만 편지를 보낸 사람은 누구지? 소피는 아직 이 사실을 제대로 밝혀내지 못했다.

이제부터 소피를 다른 이름으로 부른다면? 예를 들어 안네 크누트센이라든가. 그럼 소피도 다른 사람이 되는 걸까?

소피는 처음에 아빠가 그녀에게 신뇌베라는 이름을 지어주려 했던 사실이 문득 떠올랐다. 소피는 악수를 청하며 자신을 신뇌베 아문센으로 소개하면 어떨까 상상해보았다. 하지만 그건 불가능했다. 소피의 머릿속에는 소피가 아니라 누군가 다른 사람이 떠올랐다.

소피는 의자에서 벌떡 일어나 그 비밀스러운 편지를 들고 욕실로 갔다. 그러고는 거울 앞에 서서 두 눈을 응시했다.

"난 소피 아문센이야."

거울 속 소녀의 표정에는 아무런 변화가 없었다. 소피가 하는 대로 따라했다. 소피는 번개처럼 움직여서 거울 속의 소녀를 이겨보려고 했지만 그 소녀도 꼭 그만큼 재빨랐다.

"너는 누구니?"

소피가 물었다.

역시 대답은 없었다. 그런데 순간적으로 소피는 이 질문을 던진 게 소피인지 거울 속의 소녀인지 혼란스러웠다.

소피는 검지로 거울 속 소녀의 코를 누르며 말했다.

"너는 나야."

이마저도 대답이 없자 소피는 문장을 바꾸어 말했다.

"나는 너야."

소피 아문센은 종종 자신의 생김새가 불만스러웠다. 눈이 아몬드 모양으로 예쁘다는 이야기를 종종 듣긴 하지만 그건 아마도 코가 너무 작고 입은 너무 크기 때문에 그냥 해주는 말일 것이다. 게다가 양쪽 귀는 눈과 너무 가까이 붙어 있다. 하지만 쉽게 가라앉지 않는 생머리가 제일 끔찍하다. 아빠는 종종 소피의 머리를 쓰다듬으며 클로드 드뷔시의 작품 이름인 '아맛빛 머리의 소녀'라고 불렀다. 아빠야 길고 까맣고 축 늘어진 생머리가 아니니까. 소피의 머리카락은 스프레이나 젤로도 정리되지 않았다.

　소피는 가끔 자신이 너무 못생겨서 혹시 기형으로 태어난 건 아닐까 생각하기도 했다. 소피의 엄마는 종종 소피가 얼마나 힘들게 태어났는지 얘기해주었다. 그럼 우리는 태어나면서 생김새도 결정되는 걸까?

　자기 자신이 누구인지 모른다는 건 좀 이상하지 않은가? 자기의 외모를 스스로 결정할 수 없는 것 역시 불합리적인 게 아닐까? 소피의 외모는 처음부터 정해져 있었다. 친구는 선택할 수 있지만 나 자신은 선택할수 없다. 심지어 인간으로 태어나는 것조차 스스로 결정하지 못했다.

　인간은 무엇일까?

　소피는 다시 거울 속의 소녀를 바라보았다.

　"지금은 생물 숙제나 하는 편이 나을 것 같네."라고 거의 변명하듯이 말했다. 그리고 소피가 복도로 나왔을 때, '아니야, 정원으로 가는 게 낫겠어.'라고 생각했다.

　"야옹, 야옹, 야옹, 야옹."

　소피는 고양이를 바깥 계단으로 내몰고 현관문을 닫았다.

　소피가 그 비밀스러운 편지를 들고 자갈길에 섰을 때, 갑자기 이상한 느낌이 들었다. 마치 자신이 마법으로 생명을 얻은 인형이 된 것 같았다.

　지금 이 세상에 살면서 이상한 동화 속을 헤매게 된다면 얼마나 신기한 일일까?

　셰레칸은 우아하게 자갈길 위로 뛰어올라 바로 옆 까치밥나무 덤불 속으로 사라졌다. 이 고양이는 하얀 수염에서 몸통 뒤의 살랑거리는 꼬리까지 에너지가 넘친다. 셰레칸도 지금 정원에 함께 있지만 이 문제에 관해서는 소피만큼이나 거의 이해하지 못하겠지.

소피는 자신이 지금 살아 있다는 사실을 생각하기 시작했고 곧 영원히 살아 있을 수는 없다는 것을 깨달았다.

'난 지금 이 세계에 있어.' 소피는 생각했다.

'그러나 언젠가 나는 사라질 거야.'

죽음 뒤에 삶이 있을까? 다행히 고양이는 이런 질문에 대해서는 전혀 모르겠지.

얼마 전 소피의 할머니가 돌아가셨다. 할머니가 돌아가신 지 6개월이 넘도록 소피는 매일 할머니를 그리워했다. 삶에 끝이 있어야만 하는 건 얼마나 부당한가!

소피는 깊이 생각에 빠진 채 자갈길 위에 우뚝 멈춰 섰다. 영원히 살 수 없다는 걸 잊어버리기 위해 지금 살아 있다는 것만 생각해보려고 했지만 그건 불가능했다. 지금 살아 있다는 사실에 집중하려 할수록 죽음에 대한 생각이 떠올랐다. 그 반대의 경우도 마찬가지였다. 언젠가 이 세계에서 완전히 사라지리라는 느낌이 강하게 차오르자 삶이 얼마나 값지고 귀중한지 명료해지기 시작했다. 이건 마치 계속 돌고 도는 동전의 양면과도 같았다. 동전의 한 면이 크고 뚜렷할수록 다른 한 면도 크고 뚜렷했다. 삶과 죽음은 동전의 양면 같은 것이다.

소피는 죽음을 피할 수 없다는 사실을 깨닫지 못하면 존재한다는 것도 제대로 경험할 수 없다고 생각했다. 삶이 얼마나 즐거운 것인지 생각해보지 않았다면 피할 수 없는 죽음을 깨닫는 것 역시 불가능한 일이다.

할머니가 자신의 병명을 듣게 되었을 때 소피에게 이런 비슷한 말을 해주신 것이 떠올랐다.

"이제야 넉넉한 삶이 무엇인지 알 것 같구나."

사람들 대부분이 병들기 전에는 삶의 아름다움을 전혀 깨닫지 못하는 건 얼마나 슬픈 일인가. 사람들 모두가 이 비밀이 가득한 편지 한 통쯤은 받았음직한데 말이다.

혹시 편지가 더 왔는지 살펴봐야 할까? 소피는 대문 쪽으로 달려가 우편함의 녹색 뚜껑을 젖혔다. 똑같은 편지봉투가 들어 있어 움찔했다. 소피는 첫 번째 편지를 꺼내고 분명히 우편함이 빈 것을 확인하지 않았나? 분명히 없었는데…….

이번 편지에도 소피의 이름이 적혀 있었다. 편지봉투를 뜯고, 지난번 편지와 똑같은 흰 쪽지를 꺼냈다.

세계는 어디에서 생겨났을까?

'전혀 모르겠어.' 소피는 생각했다. 그런 건 아무도 모르지 않을까! 하지만 소피는 이 질문이 타당하다고 여겼다. 소피는 지금까지 살면서 처음으로, 이 세상에서 살아가기 위해서는 적어도 세계가 어디에서 왔는지 알고 싶어 해야 한다고 생각했다.

소피는 이 이상한 편지들 때문에 머리가 아찔할 정도로 어지러워져서 동굴 안으로 들어가 좀 쉬기로 마음먹었다. 이 동굴은 소피만 아는 비밀 장소다. 소피는 아주 화가 나거나 아주 슬프거나 또는 매우 기쁠 때만 이곳을 찾았다. 오늘 소피는 정말 혼란스러웠다.

소피네 빨간 지붕 집은 넓은 정원 한가운데 있다. 이곳에는 알록달록한 꽃밭, 까치밥나무와 여러 가지 과일나무가 있고 넓은 잔디밭에는 해먹과 태어난 지 얼마 안 된 첫아이를 잃은 할머니를 위해 할아버지가 지은 정자도 있다. 그 가여운 아기의 이름은 마리였다. 묘비에는 '작은 마리가 우리를 찾아와, 그저 인사만 하고 떠나버렸네.'라고 적혀 있다.

정원 한구석에 나무딸기 가지 뒤로 열매는커녕 꽃도 피지 않는 덤불이 촘촘히 나 있다. 이 덤불은 원래 숲과 경계를 짓는 울타리였지만 지난 20년 동안 아무도 돌보지 않아 지금은 누구도 뚫고 지나갈 수 없는 덤불 숲이 되어버렸다. 할머니는 이 울타리가 전쟁 때 마당에서 자유롭게 노니는 닭들을 여우가 채 가지 못하게 친 것이라고 했다.

소피를 제외한 다른 사람들에게 이 오래된 울타리는 정원 앞의 오래된 토끼장만큼이나 쓸모가 없었다. 그들은 울타리에 담긴 소피의 비밀을 전혀 모르고 있었다. 소피는 오래전부터 그 덤불 안에 있는 작은 구멍을 알고 있었다. 그 안으로 기어 들어가면 덤불 사이의 커다란 빈 공간에 다다르는데, 이곳이 바로 소피의 동굴이다. 아무도 소피를 찾아낼 수 없는 가장 안전한 장소였다.

소피는 편지봉투를 두 손에 꼭 쥔 채, 정원을 지나 덤불 울타리 속으로 납작 엎드려 기어 들어갔다. 동굴은 소피가 똑바로 설 수 있을 만큼 꽤 넓었다. 소피는 두어 개의 굵은 나무뿌리 위에 걸터앉았다. 그곳에서는 나뭇가지와 잎들 사이에 난 아주 작은 두 구멍으로 밖을 내다볼 수 있다. 구멍은 5크로네짜리 동전 크기였지만 그 구멍으로 앞뜰 전체를 한눈에 볼 수 있다. 소피는 어렸을 때 엄마나 아빠가 나무 사이를 뛰어다니며 자기를 찾는 모습을 재밌게 바라보곤 했다.

소피에게는 항상 앞뜰이 자신만의 세계처럼 보였다. 창세기에 나오는 에덴동산 이야기를 들을 때마다 소피는 자기만의 작은 낙원을 바라보듯이 그 동굴을 떠올렸다.

'세계는 어디에서 생겨났지?'

전혀 모르겠어! 물론 이 세계가 거대한 우주 공간에 있는 작은 행성이라는 사실은 알고 있다. 하지만 이 우주는 어디에서 왔을까?

우주 공간이 태초부터 이미 존재해왔다고 생각할 수도 있다. 그러면 우주가 어디에서 생겨났느냐는 질문에 대한 답을 찾을 필요도 없다. 하지만 과연 영원한 것이 존재할 수 있을까? 무언가가 소피의 마음속에서 항의하듯 일렁였다. 존재하는 모든 것에는 시작이 있게 마련이다. 그러면 이 우주도 언젠가 그 어떤 무엇에서 생겨났을 것이 아닌가?

그런데 만일 우주가 갑자기 어떤 무엇에서 생겨났다면, 이 무엇 역시 언젠가 또 다른 어떤 무엇에서 생겨났을 것이다. 소피는 스스로 이 문제를 그저 질질 끌고 있다고 느꼈다. 어느 순간에는 그 무엇이 무(無)에서 생겨났을 것이다. 하지만 그게 가능했을까? 소피의 이런 상상은 이 세계가 태초부터 존재했다는 생각만큼이나 불가능하지 않을까?

종교 시간에 소피는 하느님이 이 세계를 창조했다고 배웠다. 소피는 여러 의문이 들기는 하지만 이것이 이 모든 문제에 대한 최고의 해답이라고 생각하며 위안 삼으려고 했다. 그러나 소피는 다시 곰곰이 생각해보았다. 물론 하느님이 우주를 창조했다고 받아들일 수도 있다. 그러면 하느님은 또 뭐지? 하느님은 스스로 무(無)에서 생겨난 걸까?'다시 소피의 마음 깊은 곳에서 무언가 일렁였다. 하느님이 모든 것을 창조했다고 하더라도 하느님 '자신'이 존재하기 전에는 스스로를 창조할 수는 없는 일이다. 그렇다면 한 가지 가능성밖에 없다. 하느님은 항상 존재해왔다는 것. 하지만 소피는 이 가능성도 이미 탈락시켰다. 존재하는 모든 것에는 시작이 있어야 하기 때문이다.

"젠장!"

소피는 다시 편지를 읽어보았다.

'너는 누구니?'

'세계는 어디에서 생겨났지?'

이런 짜증 나는 질문이라니! 이 편지들은 어디서 온 거지? 정말 이상하다.

갑자기 소피를 일상에서 끄집어내 우주의 커다란 수수께끼와 마주하게 한 사람은 누구일까?

소피가 우편함으로 세 번째 발걸음을 옮기고 있을 때 이제 막 집배원이 우편물을 가져오고 있었다. 소피는 두꺼운 전단지 뭉치와 신문 그리고 엄마에게 온 편지 두 통을 받아 들었다. 하나는 남쪽 해변의 풍경을 담은 그림엽서였다. 엽서를 뒤집어보니 노르웨이 우표와 '유엔 평화 유지군' 소인이 찍혀 있었다. 아빠가 보내셨을까? 하지만 아빠는 전혀 다른 곳에 계신데……. 글씨체도 전혀 아빠 것이 아니고.

엽서에 적힌 주소를 읽는데 소피의 심장이 점점 빠르게 뛰는 것이 느껴졌다. '클뢰베르베이엔 3, 소피 아문센 댁의 힐데 묄레르 크나그에게.' 적혀 있는 주소는 틀림없었다. 엽서에는 다음과 같이 적혀 있다.

사랑하는 힐데에게!

열다섯 번째 생일을 진심으로 축하해. 너를 성장하게 할 멋진 선물을 주고 싶은 아빠의 마음을 이해하지? 이 카드를 소피에게 보내는 걸 이해해주렴. 이게 가장 쉬운 방법이거든. 그럼 안녕.

— 아빠가

소피는 집 안으로 뛰어 들어가 부엌으로 향했다. 머리가 혼란스러웠다. 이건 또 무슨 일이지? 소피보다 꼭 한 달 앞서 열다섯 번째 생일을 맞는 이 힐데는 누구지?

소피는 복도에서 전화번호부를 가져왔다. 묄레르라는 이름은 많았고 크나그라는 이름도 종종 보였다. 하지만 두꺼운 전화번호부에 힐데 묄레르 크나그라는 사람은 없었다.

다시 찬찬히 이 이상한 엽서를 살펴보았다. 우표도 우체국 소인도 진짜였다.

왜 이 사람은 딸의 생일 축하 카드를 소피의 주소로 보냈을까? 세상에 어떤 아빠가 엽서를 잘못된 주소로 보내서 딸이 제때에 생일 축하 인사도 받지 못하게 한담! 왜 그게 가장 쉽다는 걸까? 무엇보다 힐데를 어떻게 찾아내지?

소피는 이렇게 머리가 깨질 것 같은 문제가 더 남아 있었다. 다시 생각을 정리해보려고 애썼다.

이날 오후 소피는 세 가지 수수께끼와 마주했다. 첫 수수께끼는 누가 이 두 통의 편지를 소피네 집 우편함에 넣었는가 하는 의문이다. 두 번째는 이 편지들에 적혀 있는 어려운 질문들이다. 그리고 마지막 수수께끼는 힐데 묄레르 크나그는 누구이며 왜 소피가 이 낯선 소녀의 생일 축하 엽서를 받게 되었는가 하는 것이다.

소피는 이 세 가지 수수께끼가 어떻게든 서로 맞물려 있다는 것을 확신했다. 왜냐하면 소피는 이 편지들을 받기 전까지는 아주 평범한 삶을 살아왔기 때문이다.

마술사의 모자

……훌륭한 철학자가 되기 위해 우리에게 필요한 단 한 가지는
놀라워할 줄 아는 능력이다……

소피는 익명의 편지를 보낸 사람이 다시 편지를 쓸 것인지 생각해보았
다. 당분간은 아무한테도 이 편지에 관해 얘기하지 않기로 마음먹었다.

학교에서 소피는 수업에 집중할 수 없었다. 갑자기 선생님이 그다지
중요하지 않은 얘기만 한다는 생각이 들었다. 왜 선생님은 차라리 인간
이란 무엇인지, 아니면 세상이란 무엇이고 어디에서 생겨났는지에 관해
얘기해주지 않을까?

소피는 예전엔 전혀 몰랐던 그런 감정을 느끼게 되었다. 학교에서도
다른 곳에서도 사람들이 크고 작은 하찮은 일에 몰두하고 있다는 느낌
이다. 하지만 수업 과목들보다 더욱 절실한 해답이 필요한 어려운 문제
들이 있었다.

누가 그런 문제들에 대한 해답을 알고 있을까? 적어도 지금은 강변화

동사를 벼락치기로 외우는 것보다도 이런 문제들에 대해 골똘히 생각해보는 게 소피에겐 더욱 중요해 보였다.

마지막 수업을 끝맺는 종이 울릴 때, 소피는 운동장으로 뛰어나갔다. 그래서 요룬도 소피를 따라잡기 위해서 뛸 수밖에 없었다.

한숨 돌린 후 요룬이 물었다.

"오늘 저녁에 같이 카드놀이 할래?"

소피는 어깨를 움츠렸다.

"이제 카드놀이에 관심 없어졌어."

요룬은 무척 어리둥절해했다.

"그래? 그럼 배드민턴이나 칠까?"

소피는 아스팔트 바닥을 멍하니 내려다보다가 고개를 들어 친구를 바라보았다.

"난, 배드민턴에도 이젠 관심이 없어."

"흥, 알았어!"

소피는 요룬의 목소리에서 언짢은 기색을 느꼈다.

"그럼 갑자기 너한테 그렇게 중요해진 일이 뭔데?"

소피는 머리를 가로저었다.

"그건…… 비밀이야."

"쳇! 너 좋아하는 사람이 생긴 거구나?"

둘은 한참을 말없이 걸었다. 축구장에 다다랐을 때, 요룬이 입을 열었다.

"나 축구장을 가로질러 갈게."

"가로질러서?"

그 길은 요룬네 집으로 가는 지름길이긴 하지만, 요룬은 손님이 오신다거나 치과에 예약한 날 급히 집에 가야 할 때만 그 길을 이용했다.

소피는 요룬의 기분을 상하게 한 게 정말 마음에 걸렸다.

그렇다고 소피가 달리 뭐라 대답해야 했을까? 갑자기 자신이 누구인지, 이 세상이 어디에서 생겨났는지에 관해 몰두하게 되었고 그래서 배드민턴 칠 새가 없다고? 요룬이 이 말을 이해할 수나 있을까?

어찌 되었든 제일 중요하고 당연히 이해해야 할 문제가 왜 이리도 어렵게 느껴질까?

우편함을 열어젖히는 소피의 가슴은 콩콩 뛰었다. 얼핏 봐서는 그저 청구서들과 엄마에게 온 큰 갈색 편지봉투들만 눈에 띄었다. 소피는 바보처럼 그 모르는 사람이 보냈을 새로운 편지를 너무나 고대하고 있었다.

대문을 닫고 나서 소피는 자신의 이름이 적힌 큰 편지봉투를 발견했다. 봉해진 편지봉투 뒷면에는 '철학 강의. 아주 세심하게 다뤄야 함'이라고 씌어 있었다.

소피는 자갈길을 뛰어가 계단 위에 가방을 내려놓았다. 다른 편지들을 매트 아래로 밀어 넣고, 뒤뜰로 달려가 동굴 안으로 들어갔다. 그리고 그 큰 편지봉투를 뜯었다.

셰레칸이 뒤쫓아 왔지만 소피는 전혀 신경 쓰지 않았다. 고양이가 함부로 입을 놀릴 리 없기 때문이다.

편지봉투 속에는 타자로 친 큰 편지 세 장이 클립으로 묶여 있었다. 소피는 편지를 읽기 시작했다.

철학이란 무엇인가?

사랑하는 소피야! 사람들마다 다양한 취미가 있단다. 많은 사람들이 옛날 동전이나 우표를 수집하고, 어떤 사람들은 무언가 손으로 만들길 좋아해. 또 어떤 사람들은 여가시간을 온통 특정 스포츠에 쏟아붓기도 하지.

책 읽기를 즐기는 사람들도 많아. 하지만 독서 취향은 서로 많이 다르지. 어떤 사람은 신문이나 만화만 읽고 소설을 좋아하는 사람도 있지만 천문학, 동물이나 기술의 발명 등 다양한 주제를 다룬 책을 더 좋아하는 사람도 있어.

내가 말이나 보석에 흥미가 있다고 해서, 다른 사람에게도 모두 이 분야에 관심을 가지라고 강요할 수는 없는 노릇이지. 내가 텔레비전 스포츠 중계방송에 푹 빠져 있더라도, 이런 스포츠를 지겨워하는 사람도 있다는 사실을 받아들여야 해.

그런데도 모든 사람들이 마땅히 관심을 가질 만한 무언가가 존재하는 걸까? 그들이 누구이며 이 세상 어디에 살고 있든 상관없이, 모든 사람들과 관련 있는 무엇이 있을까? 그래, 소피야! 모든 사람들이 골똘히 생각해봐야 할 그런 의문이 있단다. 이 강의는 바로 그러한 의문들에 관한 거야.

사람이 사는 데 가장 중요한 것은 무엇일까? 기아에 허덕이는 나라에 사는 사람에게 묻는다면, 그 대답은 '먹는 것'이겠지. 똑같은 질문을 추위에 떨고 있는 사람에게 해보면 '따뜻한 날씨'라고 대답할 거야. 그리고 혼자라고 느끼는 고독한 사람에게 묻는다면 틀림없이 '다른 사람들과 더불어 살기' 같은 것일 테지.

그러나 이런 기본적인 요구들이 모두 충족되어도 사람들에게 필요한 무언가가 아직 남아 있을까? 철학자들은 그렇다고 생각했어. 사람은 빵만으로 살 수 없다는 게 철학자들의 생각이지. 물론 모든 사람들은 먹지 않고는 살 수 없어. 또 사랑과 보호도 필요해. 하지만 모든 사람에게 공통으로 필요한 것이 있단다. 그것은 바로 우리가 누구이며, 왜 사는지 알아내고자 하는 마음속의 욕구야.

따라서 우리가 왜 사는지에 대한 관심은 우표 수집처럼 '가벼운' 것은 아니야. 삶에 관한 의문에 흥미가 있는 사람은 우리가 이 지구라는 행성에서 어떻게 살아야 하느냐는, 이미 오랫동안 토론해온 질문들을 생각하게 되지. 우주, 지구 그리고 생명이 어떻게 이곳에서 생겨나게 되었느냐는 의문은 올림픽 경기에서 누가 금메달을 가장 많이 땄느냐는 문제보다 더 크고 중요해.

철학에 한층 다가서는 가장 좋은 방법은 여러 철학적 질문들을 제기하는 거야.

어떻게 세계가 창조되었지? 실제 일어난 사건의 배후에는 어떤 의도나 의미가 숨어 있을까? 죽음 뒤에 또 다른 삶이 있을까? 대체 이런 질문에 대한 해답을 어떻게 찾아야 할까? 그리고 무엇보다도, 우리는 어떻게 살아야 하는지?

어느 시대를 막론하고 사람들은 이러한 문제들을 제기했지. 우리가 아는 모든 문화권에서 인간이란 무엇이며, 세상이 어디에서 생겨났는지 하는 의문은 수없이 일어났어.

그러나 기본적으로 우리가 제기할 철학 문제들이 그렇게 많지는 않아. 이미 그중 가장 중요한 몇 가지가 제기됐기 때문이지. 우리가 던진 각각의 문제에 대해 역사는 다양한 답을 많이 보여줬단다.

철학 문제에 관한 한, 질문을 하는 것이 그 문제에 답하는 것보다야 훨씬 쉽지.

오늘을 사는 우리 모두 이러한 철학 문제에 오로지 자신의 해답을 구할 수밖에 없어. 하느님이 존재하는지, 죽음 뒤에도 삶이 있는지 사전에서 찾아볼 수는 없으니까. 게다가 사전이 우리가 어떻게 살아야 할 지를 얘기해줄 수는 없잖아. 하지만 다른 사람들이 생각한 것을 글로 읽는 것은 우리가 인생과 세상에 관한 자신의 그림을 그리는 데 도움이 될 수 있을 테지.

철학자들의 진리 추구는 추리소설과 비슷해. 어떤 사람들은 안데르센을 살인자로 여길 수도 있고, 또 어떤 이는 닐센이나 옌센을 살인자로 생각할 수도 있겠지. 현실에서는 어느 날 갑자기 경찰이 문제를 해결하기도 해. 물론 경찰이 수수께끼를 영원히 풀지 못할 것이라고 추측 할 수도 있지. 그렇지만 수수께끼엔 늘 답이 있게 마련이야.

해답을 얻기가 아무리 어려워도, 그 문제에 단 하나의 정답이 있으리라고 상상할 수 있어. 죽은 뒤에는 삶이 있을까 없을까……

그동안 학문이 많은 옛날 수수께끼들을 밝혀냈어. 한때는 '달의 뒷면이 어떻게 생겼을까' 하는 것이 커다란 수수께끼였지. 토론을 통해 해답을 구할 수 없자, 그 해답은 사람들의 상상에 맡겨졌어. 그러나 이제 우리는 달의 뒷면이 어떻게 생겼는지 정확히 알게 됐지. 달에 사람이 산다거나, 달이 치즈로 되어 있다는 얘기들을 우리는 더 이상 믿지 않게 되었거든.

2,000여 년 전, 그리스의 고대 철학자들 가운데 한 사람은 철학이 인간이 느끼는 감탄에서 생겨났다고 믿었어. 그의 생각에 따르면 인간이 산다는 것을 경이롭게 여겼기 때문에 철학 문제들이 자연스럽게 생겨났다는 거야.

이것은 우리가 마술을 구경하는 것과 마찬가지야. 우리는 마술이 어떻게 가능한지 파악할 수 없잖아. 그래서 우리는 결국 '마술사가 어떻게 하얀 실크 스카프 두 장으로 살아 있는 토끼를 만들 수 있었는지' 묻게 된단다.

많은 사람들은 마술사가 속이 텅 빈 모자에서 갑자기 토끼를 꺼내 올릴 때처럼 이 세상에 대해 의심을 갖게 되었어.

토끼에 관한 한, 마술사가 우리 눈을 속였다는 것은 분명해. 그러나 세계에 대해 얘기하면 사정은 전혀 달라. 우리는 이 세계가 거짓과 속임수가 아님을 알고 있지. 우리가 지구 위에 있고 우리 자신이 이 세계의 일부분임을 알기 때문이야. 근본적으로 우리는 마술사의 모자에서 꺼내 올린 흰 토끼인 셈이지. 우리와 흰 토끼 사이의 차이는, 단지 흰 토끼는 자기가 마술에 출연하고 있다는 사실을 모른다는 거야. 이 토끼와 우리는 아주 달라. 우리는 수수께끼 같은 그 무언가에 관계 되어 있다고 믿고 있지. 그래서 모든 것들이 어떤 연관 관계를 맺고 있는지 확실히 밝혀내고 싶은 거야.

추신 : 흰 토끼에 관해선 아마도 토끼를 전체 우주와 비교하는 편이 더 좋을 것 같구나. 이곳 지구에 사는 우리는 토끼 가죽 털 아래 깊숙한 곳에서 우글거리는 벌레들이라고나 할까! 하지만 철학자들은 가느다

란 털을 붙잡고, 위대한 마법사를 직접 두 눈으로 보려고 마냥 위로 기어오르려고 애쓰는 사람들이란다.

소피야, 이제 다 읽었지? 다음에 계속 얘기하기로 하자.

소피는 기진맥진했다. 다 읽었냐고? 편지를 읽으며 숨이나 제대로 쉬었는지 모르겠다.

누가 이 편지를 갖다 놓았을까? 누구지? 누구일까?

힐데 묄레르 크나그에게 생일 카드를 보낸 사람과 같은 사람일 리는 없다. 이유는 그 카드엔 우표가 붙어 있었고, 날짜 도장도 찍혀 있었기 때문이다. 하지만 이 갈색 편지봉투는 전에 온 두 통의 흰 편지와 마찬가지로 방금 우편함에 누군가가 넣어놓은 것이다.

소피는 시계를 보았다. 이제 겨우 2시 45분이다. 아직 두 시간이 더 지나야 엄마가 직장에서 돌아오신다.

소피는 다시 정원을 가로질러 우편함으로 뛰어갔다. 혹시 무엇이 더 들어 있을까?

소피는 자기의 이름이 적힌 갈색 편지봉투를 또 발견했다. 주위를 두리번거렸지만 아무도 없다. 소피는 숲의 끝까지 달려가 그쪽 길을 살폈다. 그곳 역시 사람 그림자라곤 눈에 띄지 않았다. 이때 소피는 갑자기 숲 깊은 곳에서 얼핏 나뭇가지가 부러지는 소리를 들은 듯했다. 하지만 확실치 않을뿐더러 그리로 쫓아갈 이유도 없었다. 누가 소피에게서 도망치려 한 거라면, 소피는 그 사람을 따라잡기 어려울 테니까 말이다.

소피는 현관문을 열고는 엄마 앞으로 온 우편물과 책가방을 바닥에 내려놓았다. 그러고는 제 방으로 뛰어가 각양각색의 예쁜 돌들이 든 커다란 과자 통을 꺼내 그 돌들을 방바닥에 쏟고는, 두 통의 큰 편지봉투를 그 안에 넣었다. 그러고 나서 그 과자 통을 팔로 감싸 안고는 다시 정원으로 뛰어갔다. 셰레칸에게는 미리 먹이를 준 터였다.

"야옹, 야옹, 야옹!"

다시 동굴 안에 자릴 잡고서야 소피는 편지봉투를 뜯고 이전보다 더 많아진 편지지를 꺼내 읽기 시작했다.

이상한 존재

이제 우리가 다시 만나게 되었구나! 이 짧은 철학 강의가 어떤 방식으로 진행될지 이제 확실히 파악했겠지. 이제 몇 가지 알려줄 게 있단다.

훌륭한 철학자가 되기 위해 필요한 오직 한 가지는 놀라워할 줄 아는 능력이란 점은 이미 이야기했지? 안 했으면 지금 다시 얘기하지. 훌륭한 철학자가 되기 위해 우리에게 필요한 단 한 가지는 놀라워할 줄 아는 능력이야.

어린 아기에겐 누구나 이런 능력이 있는 것이 분명해. 몇 달이 지나면, 아기들은 새로운 현실로 밀려 나오게 되지. 하지만 아이들이 자라고 나면 이런 능력은 줄어드는 것처럼 보여. 왜 그럴까? 소피 아문센이 이 질문에 대답할 수 있을까?

자, 들어봐. 어린 아기가 말을 할 수 있다면야, 어떤 이상한 세계에 있다 왔는지 분명 말해줄 수 있을 거야. 비록 아기가 말은 못해도 아기가 어떻게 주위를 둘러보고, 호기심에 가득 차 방 안의 물건들을 만져보는지 우리도 늘 보잖니!

아기가 처음 말을 시작하게 되면 "멍! 멍!" 짖는 개를 볼 때마다 제자리에 우뚝 멈춰 서서는 "멍멍! 멍멍!" 하며 유모차 안에서 깡충깡충 뛰며 팔을 마구 내젓잖니. 여러 해를 더 산 우리는 이 같은 어린 아기의 흥분이 약간 지나치다고 느끼기도 하지. "그래, 그래, 저건 멍멍이란다! 이제 그만두렴, 아가야. 자리에 앉아야지!" 세상을 겪어본 우리는 이렇게 말하지. 그리고 그렇게까지 흥분하지도 않아. 이미 오래전부터 우리는 개를 봐왔으니까.

아기가 개를 보고도 그냥 지나칠 수 있을 때까지 어쩌면 이런 어수선한 행동을 수백 번은 거듭해야 할 수도 있어. 코끼리나 하마를 보더라도 말이지. 하지만 이 세계는 아기가 제대로 말을 배우기 전에, 또 철학적으로 사고하는 법을 배우기도 전에 이미 아기에게 익숙한 세계가 되고 말아.

사랑하는 소피야, 네가 이 세계를 당연하게 생각하는 그런 사람들과 달라야 한다는 사실이 가장 중요해. 그 점을 확실히 하기 위해, 우리가 진짜 철학 강의를 시작하기에 앞서 두 가지 가상 실험을 해보자.

네가 숲 속을 산책하고 있다고 상상해보렴. 그때 갑자기 길에서 작은 우주선을 발견했어. 그 우주선에서 작은 화성인이 내려와 널 올려다본다면…….

이때 넌 무슨 생각이 들까? 물론 그건 아무래도 상관은 없어. 그런데 너도 그런 화성인이라는 걸 생각해본 적은 있니?

물론 네가 다른 행성에서 온 생물들과 맞닥뜨리게 된다는 것은 쉽게 있을 법한 일은 아니야. 우리는 다른 행성에 생물체가 있는지도 아직 모르지. 하지만 소피 네가, 바로 너 자신과 낯설게 맞부딪치는 것은 생각할 수 있는 일이야. 어느 화창한 날, 네가 깜짝 놀라 발걸음을 뚝 멈추고 완전히 새로운 방법으로 너 자신을 보게 될 수도 있어. 그런 일이 숲을 거닐다가 일어날 수도 있지.

'나는 참 이상한 존재야. 그리고 비밀에 가득 찬 동물이지……' 하고 생각할 거야.

너는 마치 오랜 잠에서 깨어난 잠자는 숲 속의 공주처럼 느껴질 거야. 그리고 '난 누구지?' 하고 묻겠지. 너도 알다시피 우린 우주의 한 행성 위를 오가고 있어. 그런데 우주란 무엇일까?

소피야, 아직 잘 읽고 있니? 우리 또 다른 실험을 해보자.

어느 날 아침, 엄마와 아빠 그리고 두세 살 먹은 아기 토마스가 부엌에서 아침을 먹고 있는데 엄마가 잠깐 자리에서 일어나 싱크대로 몸을 돌렸어. 그런데 글쎄 갑자기 아빠가 천장 아래를 둥둥 떠다니기 시작해.

이때 토마스가 뭐라 할 것 같니? 아마도 자기 아빠를 가리키며 "와! 아빠가 날고 있다."라고 말하겠지.

분명 토마스도 놀랐겠지만, 이 일은 그저 그런 정도로 놀란 수준인 거야. 아빠는 이상한 일들을 많이 해왔으니까 식탁 위를 날아다니는 정도는 토마스 눈에 그다지 대단한 게 아닌 거지. 아빠는 날마다 신기한 기계로 면도를 했고, 때론 지붕 위로 기어 올라가 텔레비전 안테나를 이리저리 돌리기도 했어. 아니면 머리를 자동차 보닛 안쪽에 틀어박고 있다가 새까만 얼굴로 다시 모습을 드러내기도 했으니까.

그럼 이제 엄마의 반응을 보자꾸나. 엄마는 토마스가 하는 말을 듣고도 아무렇지 않게 몸을 돌리겠지. 그러고 나서 식탁 위를 둥둥 자유롭게 떠다니는 남편을 보고 어떤 반응을 보일까?

엄마는 손에 든 잼 병을 떨어뜨리고 화들짝 놀라 울부짖겠지. 어쩌면 아빠가 다시 자리에 앉고 나면 의사에게 뛰어갈지도 몰라. (아빠는 식사예절을 좀 배워야겠네.)

왜 토마스와 엄마는 그렇게 서로 다른 반응을 보였을까? 어떻게 생각하니?

이것은 '익숙함'의 문제야. (적어둬!) 토마스 엄마는 인간은 날 수 없다고 배운 사람이지. 하지만 토마스는 그렇게 배운 적이 없어. 아직 토마스에겐 이 세계에서 어떤 일이 가능하고 또 어떤 일이 불가능한지 확실치 않아.

하지만 소피야, 이 세계 자체는 어떨까? 이 세계도 그런 일이 가능하리라고 생각하니? 이 세계도 우주 안에서 자유롭게 떠다니고 있지.

슬픈 사실은 우리가 성장하면서 중력의 법칙에만 익숙해지는 게 아니라는 점이야. 동시에 이 세계 자체에 길들고 있지.

우리는 유년 시절을 보내는 동안 세상에 대해 놀라워하는 능력을 잃어버리게 돼. 게다가 그로 인해 무언가 본질적인 것도 잃게 되지. 철학자들이 다시 삶에서 일깨우려 했던 그 무엇 말야. 우리 마음속 어딘가에 있는 그 무엇은 우리에게 인생은 하나의 거대한 수수께끼라고 늘 속삭인단다. 우리는 생각하는 법을 배우기 훨씬 전부터 이를 겪어왔어.

정확히 말해서 철학 문제는 모든 사람과 관련이 있지만, 모든 사람이 철학자가 될 수는 없어. 사람들 대부분이 일상생활에 쫓겨서 각기 다른 이유로 삶에 대한 경이감을 잃어버려. (이들은 토끼 가죽 털 깊숙이 기어 들어가 편안히 자리 잡고는 여생을 거기에서 보내지.)

어린아이에겐 세계와 그 안의 모든 것이 놀랍도록 신기한 새로움으로 다가와. 그런데 어른들은 그렇지 않아. 대부분의 어른들은 이 세계를 완전히 평범한 것으로 체험하지.

바로 이 점 때문에 철학자라는 훌륭한 예외가 생겨나는 거야. 철학자는 절대로 이 세상에 적응할 수 없어. 남자든 여자든 철학자에게 이 세계는 언제나 이해하기 어렵고 수수께끼 같은 신비의 세계인 거야. 철학자와 어린이는 이처럼 중요한 공통점이 있어. 철학자는 일생 동안 어린아이 같은 감수성을 유지한다고 볼 수 있지.

사랑하는 소피야, 이제 네가 결정을 내려야 해. 너는 아직 이 세계에 '길들지' 않은 어린이라 할 수 있니? 아니면 절대로 그렇게 되지 않을 거라고 맹세할 수 있는 여성 철학자일까?

네가 고개를 저으며 스스로 어린이도 여성 철학자도 아니라고 느낀다면, 넌 더 이상 놀라는 일이 없을 만큼 이 세계에 잘 적응한 거야. 이런 경우는 위급한 상황이야. 그러기 때문에 좀 더 확실히 해두기 위해 네가 이 철학 강의를 들어야 하는 거야. 난 소피 네가 게으르고 무관심한 사람이 아니길 바라. 그리고 깨어 있는 삶을 누렸으면 해.

이 강의는 완전히 무료니까 언제든 그만두고 싶을 때 그만둘 수 있어. 그만두고 싶으면 쪽지를 우편함에 넣어둬. 우린 그것을 '살아 있는 개구리'라는 암호로 부르기로 하자. 색은 초록색이 좋겠어. 집배원 아저씨가 놀라지 않도록 하려면 말이야.

이야기를 간략히 요약해볼게. 흰 토끼를 마술사의 텅 빈 모자에서 꺼냈어. 그건 매우 큰 토끼라서 이 마술을 하는 데 수십억 년이 걸릴 거야. 모든 인간 아기들은 그 가느다란 털끝에서 태어나. 그래서 아기들은 불가능해 보이는 이 마술에 감탄하지. 하지만 나이를 먹으면, 토끼 가죽 털의 깊숙한 곳으로 기어 들어가 그 안에 머물게 되지. 그곳은 아주 편안해서 다시는 토끼 털 위로 기어오르려 하지 않아. 오로지 철학자들만이 언어와 존재의 극한에 도달하는 이 위험천만한 여행을 감히 실행하고 있지. 그들 중 몇 사람은 도중에 사라져버리기도 하지만, 나머지 다른 이들은 토끼털을 꽉 잡고 위로 기어오르면서, 깊숙한 흰 털 밑에서 그저 먹고 마시며 배나 두들기는 사람들을 향해 "신사 숙녀 여러분!" 하며 외쳐대는 거야.

"우리는 빈 우주 속에서 떠돌고 있는 겁니다!"

그러나 털 속에 있는 사람들은 아무도 이런 철학자의 외침에 관심을 기울이지 않아.

그들은 "세상에, 웬 헛소리야!" 하고 대꾸할 뿐이야.

그러고는 지금까지 해왔던 이야기들을 계속하겠지. "이리로 버터 좀 줄래?", "오늘 주가가 얼마나 되지?", "토마토가 얼마예요?" 등등.

이날 늦은 오후 소피 엄마가 집에 돌아왔을 때, 철학자의 비밀 편지가 담긴 과자 통은 동굴 속에 안전하게 숨겨져 있었다. 소피는 숙제에 집중하려 했지만 낮에 읽은 편지 생각으로 머리가 아팠다.

예전엔 전혀 생각해보지도 않은 것들이 너무나 많았다! 소피는 더 이상 어린아이가 아니었다. 하지만 아직 제대로 성숙한 어른이라고도 할 수 없다. 소피는 자기가 우주라는 마술사의 검은 모자에서 나와 토끼의 무성한 털 속에서 기어다니기 시작했음을 깨달았다. 그런데 지금 그 철학자는 소피를 붙잡아두고 있다. 그 철학자는 남자일까, 여자일까? 아무튼 그 철학자는 소피의 목덜미를 꽉 움켜쥐고선, 소피가 어린아이일 때 놀던 털 위로 다시 끌어올렸다. 그리하여 소피는 가느다란 털끝에 있는 바깥 세계를 마치 처음인 것처럼 다시 보게 된 것이다. 그 철학자가 소피를 구원해준 것이나 다름없었다.

소피는 엄마 손을 이끌고 거실로 와서 엄마를 소파에 앉게 했다.

"엄마, 산다는 게 이상하다고 생각하지 않으세요?" 하며 말문을 열었다.

엄마는 말문이 막혀서 한마디도 대꾸하지 못했다. 다른 때 같으면 엄마가 집에 돌아올 때쯤엔 소피가 늘 숙제를 하고 있었는데…….

"글쎄, 가끔 그렇지."

"가끔요? 제 말은 이 세계가 존재하는 게 놀랍지 않으냐는 거예요."

"근데 소피야, 지금 대체 무슨 소릴 하는 거니?"

"그걸 제가 묻고 싶어요. 엄마는 이 세계가 정상이라고 생각하세요?"

"그래, 세계는 정상적이지. 대체로."

소피는 그 철학자의 말이 옳다는 사실을 깨달았다. 어른들은 세계를 당연하게 받아들인다. 그들은 영원히 일상생활이라는 깊은 잠을 자고 있다.

"아휴! 엄마는 이 세계에 너무 익숙해져서 이 세계에 대해 놀랄 일도 없는 거예요."라고 소피가 말했다.

"미안하지만, 한마디도 못 알아듣겠구나."

"제 말은요, 엄마가 이 세계에 너무 적응했다고요. 다시 말해서, 모두 바보 같아요!"

"소피야, 엄마한테 그런 식으로 말하면 안 되지."

"그럼 다르게 말씀드려 볼게요. 엄마는 우주라는 마술사의 검은 모자에서 바로 지금 끄집어낸 토끼의 털 속 깊숙한 곳에 편안히 계신 거예요. 이제 엄마는 감자를 오븐 안에 넣으시겠죠. 그러고 나선 신문을 읽으실 테고, 잠깐 한 30분쯤 눈을 붙이고 나서 텔레비전 뉴스를 보시겠죠."

엄마의 얼굴 위로 잠깐 걱정스러운 표정이 스쳐갔다. 정말로 엄마는 부엌으로 가서 감자를 오븐 안에 넣었다. 그러고는 이내 다시 거실로 와서는, 소피를 소파에 앉혔다.

"너와 얘기 좀 해야겠구나."

소피는 무언가 진지해지는 엄마의 목소리를 느낄 수 있었다.

"설마 마약을 하는 건 아니지, 아가?"

소피는 웃을 수밖에 없었다. 하지만 엄마가 왜 이때 이런 질문을 하는지 알 것 같았다.

"말도 안 돼요. 그런 건 사람을 더 멍청하게 할 뿐인걸요!"

소피는 이날 오후, 마약과 흰 토끼에 관해서는 한마디도 더 얘기할 수 없었다.

신화

…… 선한 힘과 악한 힘 사이의 불균형 ……

다음 날 아침 우편함에는 편지라곤 전혀 들어 있지 않았다. 여느 때보다 길게 느껴진 학교 수업 때문에 소피는 온종일 지루했다. 쉬는 시간에 요룬에게 특별히 친절하게 하려고 애썼다. 요룬과 집으로 돌아오는 길에 비가 오지 않으면 숲으로 함께 캠핑을 가자고 했다.

그리고 이제 소피는 다시 우편함 앞에서 걸음을 멈추었다. 소피는 제일 먼저 멕시코 소인이 찍힌 편지를 열어보았다. 아빠가 보낸 카드가 든 작은 편지봉투였다. 아빠는 고향이 몹시 그립다는 내용과 일등 항해사와 체스를 두어 처음으로 이겼다는 소식을 적어 보냈다. 그 밖에도 겨울 휴가가 끝날 때 가져간 20킬로그램이나 되는 책을 거의 다 읽었다는 얘기도 있었다.

우편함에는 소피의 이름이 적힌 갈색 편지봉투도 있었다. 소피는 가방과 다른 우편물을 집 안에 들여다 놓고, 동굴로 달려갔다. 소피는 더 많아진 여러 장의 타이핑한 편지지들을 봉투에서 꺼내 읽기 시작했다.

신화의 세계상

소피야, 안녕! 우린 나눌 얘기가 많으니까 바로 이야기를 시작하자.

철학이란 기원전 600년경 그리스에서 생겨난, 아주 새로운 사고방식이야. 그 전에는 여러 종교가 인간의 모든 문제에 답해주었지. 그러한 종교적 설명이 대대로 이어져 신화에 이르게 되었어.

신화란 삶이 왜 그렇고, 어떻게 그렇게 되었는지 설명하는 신들의 이야기야.

수천 년에 걸쳐 전 세계적으로 철학 문제에 관한 신화적 해석이 번창했어. 그리스 철학자들은 인간이 그저 신화적 해석에만 의지할 수 없음을 증명하려 했지.

초기 철학자들의 생각을 이해하기 위해선, 먼저 신화적 세계상이 무엇을 뜻하는지 이해해야 해. 가까운 북유럽 신화 몇 가지를 예로 들어볼게. 먼 곳에서 찾을 필요가 전혀 없지.

망치를 든 토르 이야기를 들어본 적이 있을 거야. 기독교가 노르웨이에 들어오기 전, 북유럽 사람들은 토르 신이 숫염소 두 마리가 끄는 수레를 타고 하늘을 날아다닌다고 믿었어. 그가 망치를 휘두르면 천둥과 번개가 친다고 말이야. 천둥을 뜻하는 '토르된(Thor-dønn)'은 원래 '토르가 쿵쾅거리는 소리'에서 유래해. 천둥을 뜻하는 스웨덴어 '오스카(åska)'란 단어는 원래 '오스-아카(ås-aka)'로, '하늘을 나는 신들의 행렬'을 뜻하지.

천둥이 치고 번개가 번뜩이면 비가 오게 마련이지. 이것은 바이킹 시대의 농부들이 살아가기 위한 필수 조건이었어. 그래서 토르 신은 결실의 신으로 찬양을 받았지.

'비는 왜 올까' 하는 물음에 '토르 신이 망치를 휘두르기 때문'이라는 대답이 바로 신화적 해석이야. 그래서 비가 오면 들판의 곡식이 자라는 것이라고 말이야.

그러나 들판의 식물이 자라고 열매를 맺는 이치를 근본적으로 파악할 수는 없었어. 어떻든 농부들은 비와 관련이 있다는 사실을 잘 알고 있었지. 게다가 사람들 모두 토르 신이 비를 내리게 한다고 믿었어. 그래서 토르 신은 북유럽의 가장 중요한 신 가운데 하나로 자리 잡게 되었어.

토르 신이 중요한 또 다른 이유는 그가 전 세계 질서와 관계가 있기 때문이야.

바이킹족은 그들이 사는 세계를 끊임없이 외부 세력의 위협을 받는 섬으로 생각했어. 그들은 그곳을 미드가르드(Midgard)라고 불렀어. 이 단어는 '한가운데에 놓인 나라'를 의미하지. 미드가르드에는 신들의 고향인 오스가르드(Åsgard)도 있었어. 미드가르드의 바깥에 우트가르드(Utgard)가 있었고, 이곳에는 항상 비열한 속임수로 세상을 멸망시키려 하는 위험한 트롤들이 살고 있었어. 우리는 그런 사악한 트롤들을 '혼돈의 힘'이라 불렀지. 북유럽 종교를 신봉하는 사람뿐만 아니라 대부분의 다른 문화권의 사람도 선한 힘과 악한 힘 사이의 균형이 불안정하다고 느꼈어.

트롤들이 미드가르드를 멸망시킬 수 있는 길은 결실의 여신 프레이야를 유괴하는 것뿐이었어. 트롤들이 성공하게 되면, 더 이상 들판에선 아무것도 자라지 않으며, 여자들은 아기를 갖지 못했어. 따라서 선한 신들이 트롤들을 제압하는 것은 매우 중요했지.

이때 토르 신도 중요한 역할이 있었어. 토르 신의 망치는 비를 불러올 뿐만 아니라 혼돈이라는 위험한 힘에 맞서 싸우는 무기이기도 했거든. 망치는 토르 신에게 거의 무한한 힘을 주었어. 예를 들면 토르 신은 망치를 던져서 트롤들을 죽일 수 있었어. 토르 신은 망치를 잃어버릴까 봐 걱정할 필요도 없었어. 그 망치는 던지면 부메랑처럼 그에게 되돌아오도록 만들어졌기 때문이지.

이러한 설명은 어떻게 자연현상이 일어나며, 선과 악 사이에 왜 항상 싸움이 벌어지는지를 '신화적으로' 풀이한 거야. 하지만 그저 설명에 그치지는 않아.

인간은 가뭄이나 돌림병과 같은 재앙의 위협을 받을 때, 신이 이 일에 나서주기를 그저 손 놓고 기다리고 있을 수만은 없었어. 직접 악을 물리치려고 싸움에 가담했어. 여러 종교적 행위나 의식을 통해서 말이지.

제물을 바치는 것은 고대 북유럽에서 가장 중요한 종교 행위였어. 신에게 제물을 바치는 행위는 신의 힘을 더욱 북돋우는 것을 뜻해. 예를 들면 인간은 신들의 힘을 강하게 북돋워 혼돈을 제압하도록 신에게 제물을 바쳤어. 그럴 때면 동물이 제물로 쓰였지. 토르 신에게는 대부분 숫염소를 바쳤을 거야. 오딘 신에겐 때로 인간을 제물로 바치기도 했고.

노르웨이에서 가장 유명한 신화는 트림스크베다 시에 나오는 대목이야. 어느 날 토르 신이 잠을 자다 깨어 보니 자기 망치가 없어진 거야! 너무 화가 치밀어서 두 손은 물론이고 수염까지 파르르 떨렸지. 토르 신은 신하인 로키를 데리고 프레이야 여신에게 가서 날개를 빌리지. 그걸 로키에게 달아주고 요툰하임으로 날아가 트롤들이 망치를 훔쳐갔는지 알아보라고 했어. 로키는 요툰하임으로 가서는 훔친 토르 신의 망치를 훔쳐서 지하 13킬로미터나 되는 깊은 곳에 묻어두고 껄껄 웃고 있는 트롤의 왕 트림과 마주쳤지. 트림은 뻔뻔스럽게도 "프레이야 여신이 나와 결혼해주면 그 망치를 되돌려 주겠다."라고 말했어.

잘 따라오고 있지, 소피야? 착한 신들은 갑자기 이런 충격적인 인질극을 맞닥뜨리게 된 거야. 지금 착한 신들의 가장 중요한 방어무기가 트롤들의 수중에 들어갔으니, 정말 이루 말할 수 없이 어려운 사태가 벌어진 거지. 트롤들이 토르 신의 망치를 손아귀에 쥐고 있는 한 그들은 신과 인간세계를 지배할 모든 힘을 가진 셈이었어. 또 망치와 프레이야 여신을 교환하자고 요구했지만 그건 불가능했어. 신들이 만물을 보호하는 결실의 여신인 프레이야 여신을 내준다면 들판의 풀은 모조리 시들고 신과 인간들도 죽을 테니까 말이야. 뒤로 물러설 수도 앞으로 나갈 수도 없는 팽팽한 긴장 상태였지. 위험한 요구를 들어주지 않으면 런던이나 파리에 핵폭탄을 터뜨리겠다고 위협하는 테러 집단을 연상한다면, 내가 얘기하는 걸 분명하게 이해할 수 있을 거야.

이 신화는 로키가 오스가르드로 돌아오는 대목으로 이어져. 로키는 프레이야 여신에게, 너무나 안타깝지만 지금 당장 트롤과 결혼해야 되니까 신부 치장을 하도록 요청하지. 프레이야 여신은 만일 트롤과 결혼을 한다면, 사람들은 자신이 아마 남자에게 반해서 그러는 모양이라고 여길 것이라며 노발대발했어.

그때 헤임달 신에게 좋은 생각이 떠올랐지. 헤임달 신은 토르 신을 신부로 변장시키자고 제안했어. 신들은 토르 신이 여자처럼 보이도록 머리를 틀어올리고 가슴에 돌을 매달았단다. 물론 토르 신이 이런 생각을 썩 내켜하진 않았지만, 신들이 망치를 탈환할 수 있는 유일한 기회라고 설득하는 바람에 결국 받아들였어. 마침내 신들은 토르 신을 신부로 변장시켰지. 로키는 신부 들러리로 꾸몄어. 이제 로키가 말했어.

"자 그럼, 우리 두 여인네들은 트롤에게 가봅시다."

이를 좀 더 현대적으로 표현하면, 토르 신과 로키를 신들의 '반테러 특공대'라고 이름 붙일 수 있을 거야. 그들은 여자로 변장하고 트롤의 근거지로 숨어들어 가, 토르 신의 망치를 되찾으려는 신들의 파견대였지.

토르 신과 로키가 요툰하임에 도착하자마자, 트롤들은 당장 결혼식을 치를 채비를 갖추었어. 그런데 결혼식에서 신부로 변장한 토르 신이 황소 한 마리와 연어 여덟 마리를 먹어치우고 맥주 세 통을 벌컥벌컥 들이켰지. 트롤의 왕 트림은 이런 신부의 행동을 이상하게 생각해, 하마터면 변장한 '반테러 특공대'의 정체가 드러날 뻔했어. 하지만 로키가 프레이야 여신이 요툰하임에 오는 것이 너무나 기쁜 나머지, 일주일 넘게 아무것도 먹지 못했노라고 둘러대어 신부를 구할 수 있었어.

이제 트롤의 왕 트림이 신부에게 입을 맞추려고 면사포를 걷어 올렸을 때, 트림 왕은 토르 신의 강한 눈빛에 질겁해 뒤로 주춤했어. 이번에도 로키는 위기에 빠진 신부를 구해주었지. 로키는 신부가 결혼에 대한 기쁨에 들떠 일주일 넘게 한숨도 못 잤다고 말했어. 트림 왕은 드디어 망치를 가져다가 결혼식이 진행되는 동안 신부 무릎 위에 올려놓으라고 명령했지.

토르 신은 무릎 위에 망치가 놓이자 몹시 좋아서 웃음을 터뜨렸어. 먼저 트림 왕을 죽이고, 다음으론 요툰하임에 있는 나머지 트롤들을 모조리 없애버렸어. 이렇게 해서 끔찍한 인질극은 해피엔딩으로 끝을 맺었지. 신들의 배트맨, 혹은 제임스 본드 격인 토르 신은 다시 한 번 사악한 세력을 무찌르고 승리하게 돼.

소피야, 신화 이야기는 이 정도로 충분히 한 것 같아. 그럼 그 신화가 우리에게 정말로 얘기해주려는 건 뭘까? 그저 장난으로 꾸며낸 이야기는 아닐 테니까. 이러한 신화도 무언가 '설명'하려는 거야. 여기서 가능한 뜻을 헤아려보면 이런 거야.

나라에 가뭄이 들면 사람들에게는 왜 비가 오지 않는지에 대한 설명이 필요해. 혹시 트롤들이 토르 신의 망치를 훔쳐간 건 아닐까 하고 말이야.

또 이러한 신화는 계절 변화를 이해하려는 의도로 생각할 수 있어. 즉 겨울에는 토르 신의 망치가 요툰하임에 있어서 자연은 죽은 상태지. 하지만 토르는 그 망치를 봄에 되찾게 돼. 바로 이런 식으로 신화는 인간이 이해할 수 없는 무언가를 설명하려고 하는 거야.

그러나 사람들은 우리가 들은 바와 같은 정도의 설명으로 만족하지 않고 중요한 사건에 직접 개입하려고 했지. 바로 신화와 관계가 있는 다양한 종교 의식을 통해서 말이야. 가뭄이나 흉작일 때, 신화 내용을 담은 연극을 공연했을 거라고 생각해볼 수 있잖아. 어쩌면 요괴에게서 망치를 되찾기 위해, 마을 장정 한 사람을 뽑아서 앞가슴에 돌을 매달아 신부로 변장시켰는지도 모르지. 이렇게 옛사람들은 비가 오고 들판의 곡식이 여물게 하기 위해 직접 무언가를 실행한 거지.

자연이 진행되는 과정을 촉진하기 위해 '계절 신화'를 각색한 많은 사례를 전 세계 곳곳에서 찾을 수 있어.

우리가 잠깐 북유럽의 신화 세계를 살펴보았지만 그 밖에도 토르 신과 오딘 신, 프레이 신과 프레이야 여신, 호드 신과 발더 신, 그리고 또 수많은 다른 신들에 관한 셀 수 없이 많은 신화들이 있어. 철학자들이 이리저리 헤집고 쑤석거리기 전부터, 이런 신화는 이미 전 세계에 존재했어. 최초로 철학이 생겨났을 때 그리스 사람들도 신화적 세계상을 마음속에 품고 있었어. 수백 년 동안 대대로 신들에 관한 이야기가 전해져 왔지. 그중 아주 일부만 언급해보면, 제우스와 아폴론, 헤라와 디오니소스와 아스클레피오스, 그리고 헤라클레스와 헤파이스토스가 있지.

기원전 700년경, 호메로스와 헤시오도스는 구전되던 그리스 신화의 대부분을 글로 옮겼는데, 이것은 아주 새로운 상황을 만들어냈어. 신화가 기록 형태로 남게 되자, 사람들이 그것에 관해 토론을 벌이게 된 것이지.

초기 그리스 철학자들은 호메로스의 신화에 등장하는 신들이 인간과 너무 유사하다고 비판했어. 실제로 신들은 우리와 똑같이 이기적이며 믿지 못할 대상들이었어. 신화란 단지 우리들이 상상할 수 있는 이야기에 불과하다는 것을 인류 역사상 처음 언급한 셈이지.

우리는 신화를 비판한 예를 기원전 570년경 태어난 철학자 크세노파네스에게서 찾을 수 있어. 크세노파네스는 인간이 자기 형상대로 신을 창조해냈다고 여겨 이렇게 말했어. "죽음을 피하지 못하는 인간은 신도 인간처럼 태어나고, 옷을 입으며, 인간의 형상과 목소리를 지녔다고 상상했다. …… 에티오피아 사람들은 그들의 신이 코가 납작한 흑인이라고 상상했고, 트라키아 지방 사람들은 푸른 눈에 빨간 머리의 신들을 생각해냈다. …… 암소와 말, 그리고 사자에게도 손이 있어서 그림을 그리고 인간처럼 창작을 할 수 있었다면, 말은 말과 같은 신의 모습을, 암소는 암소처럼 생긴 신의 모습을 그려 자신과 똑같은 형상을 창조했을 것이다."

이 시기에 그리스 사람들은 그리스와 식민지였던 이탈리아 남부, 소아시아 등지에 많은 도시국가를 세웠어. 이곳에서는 노예가 모든 육체노동을 도맡았기 때문에 자유 시민이 정치와 문화에 전념할 수 있었어. 이러한 생활 조건 속에서 인간의 사고는 비약적으로 발달할 수 있었지. 바로 각 개인이 독자적으로 '어떻게 사회를 조직할 것인가' 하는 문제를 제기할 수 있게 된 거야. 또 이런 방법으로 각 개인은 꼭 전래한 신화에 의지하지 않고, 철학적 문제를 생각하기 시작했지.

우리는 이때부터 바로 신화적 사고방식에서 경험과 합리성에 근거하는 사고로 발전했다고 얘기할 수 있어. 초기 그리스 철학자들의 목표는 자연의 진행 과정에 관한 '자연스러운 해설'이었어.

소피는 넓은 정원을 이리저리 거닐며 학교에서 배운 것은 모두 잊으려고 애썼다. 무엇보다도 소피가 자연사 책에서 읽은 얘기들을 잊는 일이 가장 중요했다.

만약 소피가 자연에 대해 아무것도 모른 채 이 정원에서 자랐다면 과연 어떻게 봄을 체험했을까?

'왜 어느 날 갑자기 비가 내리기 시작하는 것일까?' 하는 물음에 어떤 설명을 생각해낼 수 있었을까? 왜 눈이 녹아 없어지고, 왜 하늘에서 태양이 뜨는지, 이런 의문을 풀어줄 만한 어떤 해석을 상상해낼 수 있었을까?

소피는 분명히 그럴 수 있었을 거라고 확신했고 곧 이야기를 짓기 시작했다.

겨울은 이 나라를 얼음 주먹으로 꽉 움켜쥐었어요. 사악한 무리아트가 아름다운 시키타 공주님을 추운 지하 감옥에 가둬버렸기 때문이지요. 그런데 어느 날 아침, 용감한 브라바토 왕자님이 와서 공주님을 구해주었어요. 시키타 공주님은 매우 기뻐하며, 지하 감옥에서 지은 노래를 부르며 초원에서 춤을 추기 시작했어요. 그러자 땅과 나무들은 너무 감동한 나머지 모든 눈이 녹아 눈물바다를 이루게 되었지요. 그러나 태양이 하늘에서 비춰주었기에 눈물이 곧 말랐답니다. 새들은 시키타 공주님의 노래를 따라 불렀지요. 그리고 아름다운 시키타 공주님이 금발 머리를 풀어내리자, 몇 가닥의 곱슬머리가 땅에 떨어져 이내 들판의 백합이 되었답니다…….

소피는 아름다운 이야기라고 생각했다. 계절 변화에 대한 다른 해석들이 없었더라면, 소피는 자기가 지어낸 이야기를 그대로 믿었을 것이다.

소피가 깨달은 점은, 사람들에겐 항상 자연의 진행 과정에 대한 설명이 필요하다는 사실이다. 어쩌면 사람들은 그런 설명 없이는 살 수 없을지도 모른다. 그래서 과학이 존재하지 않던 그 옛날, 사람들은 신화를 지어낸 것이다.

자연철학자들

…… 무(無)에서는 아무것도 생길 수 없다 ……

그날 오후, 소피는 흔들의자에 앉아서 '아빠의 생일 카드를 받을 수 없게 된 힐데 묄레르 크나그와 철학 강의 사이에 어떤 관계가 있을까' 하는 생각에 빠져 있었다. 그때 엄마가 일터에서 돌아왔다.

"소피야!"

엄마가 먼발치에서 소피를 불렀다.

"너한테 편지가 왔어!"

소피는 움찔했다. 자기가 직접 우편물을 가져왔는데, 그사이 철학자가 또 편지를 보냈나 보다. 엄마에게 뭐라고 말씀드려야 할까?

소피는 천천히 흔들의자에서 일어나 엄마 쪽으로 다가갔다.

"우표를 안 붙였네. 연애편지인가 본데!"

소피는 편지를 받아들었다.

"편지 안 뜯을 거니?"

뭐라고 변명해야 할까?

"어깨너머로 자식의 연애편지를 훔쳐보는 엄마들이 있단 얘기를 들어서 그래?"

엄마가 이 편지를 차라리 연애편지라고 생각하게 하는 편이 소피에겐 더 나을 것 같았다. 연애편지를 받기엔 소피가 아직 어렸기에 아주 창피했지만, 만약 소피가 생면부지의 철학자와 숨바꼭질을 하며 완벽한 통신 강의를 받고 있단 사실이 밝혀지면 그게 더 고통스러울 것 같았다.

이번에는 작고 하얀 편지봉투다. 소피는 제 방으로 건너와, 봉투 속에 있던 쪽지에서 다음 세 가지 질문을 읽었다.

모든 것이 생겨난 어떤 원질, 즉 원재료가 있을까?
물이 포도주로 변할 수 있을까?
흙과 물이 어떻게 살아 있는 개구리가 될 수 있을까?

소피는 이런 질문들이 터무니없다고 생각했지만, 저녁 내내 그 질문들로 머릿속이 어지러웠다. 다음 날 아침 소피는 학교에서 이 세 질문을 차례차례 생각해보았다.

만물을 형성하는 하나의 '원질'이 있을까? 만약 이 세계에 있는 만물을 생성해낸 어떤 '근원 물질'이 있었다면, 어떻게 이것이 갑자기 민들레나 코끼리로 변할 수 있었을까?

물이 포도주가 될 수 있느냐는 문제도 그렇다. 물론 소피는 예수가 물로 포도주를 만들었다고 들은 적은 있지만 그 이야기를 곧이곧대로 받아들일 수는 없었다. 그리고 정말 예수가 물로 포도주를 만들었다면 그건 기적이었을 테고 실제로는 불가능한 일이다. 포도주를 비롯해서 자연 곳곳에 수분이 많다는 사실을 소피는 잘 알고 있고, 오이가 95퍼센트의 수분으로 이루어져 있다고 하더라도 오이가 오이이기 위해서는 물 외의 다른 무엇이 더 필요하다.

개구리에 대한 질문도 곰곰 되새겨보았다. 개구리에 관해서 소피의 철학 선생님은 좀 특이했다. 소피는 개구리가 흙과 물로 이루어졌다는 것을 인정할 수도 있다. 그러나 그렇다면 흙이 한 가지 물질로만 이루어질 수는 없다. 만약 흙이 여러 가지 물질들로 이루어졌다면, 흙과 물이 결합해서 개구리를 만들어낸다는 것은 당연히 상상할 수 있는 일이다. 흙과 물이 개구리 알과 올챙이라는 중간 단계를 거친다는 사실도 눈여겨볼 만하다. 왜냐하면 아무리 정성들여 물을 준다 해도 텃밭에서는 개구리가 생겨날 수 없기 때문이다.

이날 오후, 수업이 끝나고 집에 돌아왔을 때 소피 앞으로 온 두툼한 편지봉투 하나가 우편함에 들어 있었다. 여느 때와 마찬가지로 소피는 동굴 안으로 갔다.

철학자들의 구상

다시 만나니 기쁘구나! 흰 토끼나 그와 비슷한 문제를 빙빙 돌려 얘기하지 말고, 오늘 공부할 내용으로 바로 들어가 보자.

고대부터 현대에 이르기까지 여러 철학 문제에 관해 사람들이 어떻게 생각해왔는지, 그 특징을 간략하게나마 설명해주려고 해. 물론 시간

순서대로 말이지!

철학자들 대부분은 다른 시대, 또 우리와는 아주 다른 문화 속에서 살았기 때문에, 우선 여러 철학자가 내세운 철학적 구상에 대해 질문해보는 것이 좋겠구나. 우리는 그 철학자들이 특히 무엇을 연구했는지 이해해야 해. 어떤 철학자는 식물과 동물이 어떻게 생겨나는지 의문을 품었어. 또 다른 철학자는 신이 존재하는지, 인간이 영원히 불멸하는 영혼을 지니고 있는지 밝히려 했지.

우선 특정한 철학자의 구상이 무엇이었는지 확인하고 나면 그 철학자의 생각에 쉽게 동조할 수 있을 거야. 어느 철학자도 모든 철학적인 문제를 연구할 수는 없기 때문이야.

지금부터 내가 말하는 철학자란 '남자' 철학자들을 가리키는 거야. 철학사를 남성들이 만들어왔고 게다가 여성은 성적인 면에서나 생각하는 존재로서 인류 역사에서 늘 억압당해왔기 때문이야. 이런 식으로 많은 중요한 경험을 상실했다는 사실은 정말 유감스러운 일이야. 여성은 실제로 20세기에 이르러서야 비로소 철학사에 등장하기 시작했어.

네게 복잡한 수학 문제 같은 과제를 내주진 않을 거야. 그러나 가끔 가벼운 연습문제를 내줄 수도 있어.

이 조건을 받아들인다면, 이제 시작해볼까?

자연철학자들

초기 그리스 철학자들은 종종 '자연철학자'라 불렸어. 그들이 무엇보다 자연과 자연의 진행 과정에 관심을 가졌기 때문이야.

만물이 어디서 왔는지 이미 우린 스스로에게 되물어보았지. 오늘날 많은 사람들이 만물은 어느 날 아무것도 없는 무(無)의 상태에서 생겨났다고 믿고 있어. 이런 생각이 그 시대의 그리스에서는 그다지 널리 퍼져 있지 않았어. 그리스인은 어떤 이유에서인지 '무엇인가'가 언제나 존재했다는 생각에서 출발했지.

따라서 어떻게 아무것도 없는 상태에서 만물이 생길 수 있었는지는 그들에게 중요한 문제가 아니었어. 대신 그리스 사람들은 어떻게 물이 살아 있는 물고기가 되고, 생명 없는 흙이 어떻게 키 큰 나무나, 알록달록한 꽃으로 피어날 수 있는지 놀라워했어. 아기가 엄마 몸 안에서 어떻게 생기는지에 대해서는 침묵했지.

철학자들은 어떻게 자연에 끊임없이 변화가 일어나는지 그들 눈으로 직접 보았어. 하지만 그런 변화들이 어떻게 가능한 것일까? 어떻게 사물이 한 물질에서, 예를 들면 살아 있는 생명체와 같은 완전히 다른 것으로 바뀔 수 있을까?

초기 철학자들은 공통적으로 이러한 변화의 이면에는 특정한 원질이 있다고 믿었어. 그들의 생각이 어떻게 여기에 미치게 되었는지는 쉽게 설명할 수 없어. 그저 우리가 알고 있는 것은, 이런 생각이 모든 자연 변화의 이면에 분명 원질이 존재할 거라는 상상에서 확산되었다는 사실이지.

우리의 관심사는 초기 철학자들이 어떤 해답을 발견했느냐가 아니라 어떤 문제를 제기했고, 어떤 해답 방식을 추구했는가 하는 점이야. 즉 그들이 정확히 무엇을 생각해냈는지보다는 '어떻게' 생각했는지가 더욱 중요해.

우리는 초기 철학자들이 눈에 보이는 자연의 변화에 관한 문제에 더욱 힘을 기울였다는 사실을 확인할 수 있어. 그들은 영원한 자연법칙을 발견하려 애썼지. 전승된 신화에 의존하지 않은 채, 자연현상을 이해하려고 한 것이지. 무엇보다도 자연을 관찰함으로써 자연의 진행 과정을 이해하려고 했어. 이것은 천둥과 번개, 겨울과 봄을 신들의 세계에서 일어난 일들을 통해 설명하는 것과는 전혀 달라.

철학은 이런 방법으로 종교의 범주에서 벗어났어. 그렇게 자연철학자들이 학문적 사고방식을 향한 첫걸음을 내디뎠다고 말할 수 있지. 그들의 생각은 이후 모든 자연과학의 원동력이 되었어.

하지만 자연철학자들이 말하고 기록해놓은 것은 대부분 후세에 전해지지 못했어. 그나마 얼마 안 되는, 우리가 알고 있는 사실은 초기 철학자들 이후, 약 200년이 지나 등장하는 아리스토텔레스라는 철학자의 저서를 통해서 알게 된 거야. 그렇다고 하더라도 아리스토텔레스는 그의 선배 격인 초기 철학자들이 이루어놓은 결론들을 모아 적었을 뿐이지. 다시 말해 초기 철학자들이 어떻게 그러한 결론에 이르게 되었는지에 관해선 우리가 전혀 알 수가 없단 말이야. 그러나 초기 철학자들의 구상이 자연의 변화 가운데 원질과 관계 있는 문제였다는 사실은 알 수 있지.

밀레토스의 세 철학자

우리가 아는 최초의 철학자는 당시 그리스 식민지였던 소아시아 밀레토스 출신인 탈레스야. 두루두루 여행을 많이 해본 사람이었지. 자기 그림자의 길이가 키와 똑같은 순간에 피라미드의 그림자 길이를 재서 이집트 피라미드의 높이를 측정해냈다고 해. 또 기원전 585년에 일식 주기를 계산해내기도 했어.

탈레스는 만물의 근원을 물이라고 생각했어. 어떻게 해서 그런 생각을 하게 되었는지는 확실히 알 수 없지만 아마 모든 생명체는 물에서 생겨났으므로 분해하면 다시 물이 된다고 생각한 것 같아.

그는 이집트에 있을 당시, 나일 강의 삼각주에 강물이 넘쳤다가 다시 원상태로 줄어들면 그곳 들판이 비옥한 옥토로 변하는 것을 직접 두 눈으로 확인했단다. 비가 오고 난 후, 개구리와 벌레들이 나타나는 것을 보았을지도 모르지.

그 외에도 물이 어떻게 얼음과 수증기가 되는지, 그리고 다시 물로 변할 수 있는지 생각했을 거야.

탈레스는 만물은 "신들로 가득 차 있다."라고 말했다고 해. 이 말이 무엇을 의미하는지는 우리가 추측할 수밖에 없어. 어쩌면 탈레스는 검은 흙이 꽃과 곡식을 비롯하여 벌과 바퀴벌레에 이르는 만물의 근원이라고 생각했는지도 모르지. 그리고 작고 보이지 않는 '생명의 싹'으로 가득 찬 지구를 상상했을지도 몰라. 어쨌든 확실한 건 철학자 탈레스는 신들에 대해 호메로스처럼 생각하지 않았다는 점이야.

다음 철학자는 탈레스와 마찬가지로 밀레토스에 살았던 아낙시만드로스인데, 그는 이 세계를 무한한 어떤 것에서 생겨나 다시 그것으로 돌아가는 수많은 세계들 가운데 하나로 여겼어. 이때 무한한 어떤 것이 무슨 뜻인지는 단언하기 어렵지만, 탈레스처럼 특정 물질을 뜻하지 않았다는 것은 확실해. 아마도 그는 만물 형성의 근본이 되는 사물은 이미 형성된 것과는 아주 다를 거라고 생각한 것 같아. 그리고 이미 만들어진 만물은 유한하기 때문에 형성되기 이전이나 이후에는 무한한 것이어야만 한다는 거야. 따라서 원질이 아주 평범한 물일 수는 없는 게 분명해.

밀레토스 출신인 세 번째 철학자는 아낙시메네스(기원전 585년경~기원전 526년)야. 그는 대기 또는 공기를 만물의 근원으로 보았어.

물론 아낙시메네스는 탈레스의 물 이론을 알고 있었어. 그러나 물은 어디서 생겨나지? 아낙시메네스는 물을 응결한 대기로 생각했어. 우리는 비가 올 때 대기가 물로 응결한다는 것을 알고 있지. 아낙시메네스는 물이 더 응축해 흙이 된다고 생각했어. 아마 그는 녹아내리는 얼음에서 모래가 응결하는 걸 본 모양이야. 동시에 그는 불을 엷어진 공기로 생각했지. 아낙시메네스의 의견에 따르면, 공기에서 흙, 물 그리고 불이 생겨난 것이란다.

흙과 물이 들판의 식물들이 되는 과정은 그리 먼 길이 아니야. 아낙시메네스는 생명체가 생겨나기 위해 흙과 공기, 불과 물이 존재하는 것이라 믿은 듯해. 그러나 원래의 출발점은 대기야. 아낙시메네스는 모든 자연 변화를 뒷받침하는 원질이 있다는 점에선 탈레스와 생각이 같았지.

무(無)에서는 아무것도 생길 수 없다

밀레토스의 세 철학자는 만물을 형성하는 단 하나의 원질이 있다고 믿었어. 그러나 한 물질이 어떻게 갑자기 변해서 완전히 다른 사물이 될 수 있을까? 이 문제를 우린 '변화의 문제'라 부를 수 있겠지!

기원전 500년경부터 남부 이탈리아에 있는 그리스 식민지 엘레아에는 철학자 몇 명이 살고 있었단다. 이들을 '엘레아학파'라고 부르는데 이들은 이 변화의 문제를 다루었지. 그들 중 가장 유명한 철학자가 파르메니데스(기원전 515년경~기원전 445년)야.

파르메니데스는 존재하는 모든 것은 이미 늘 존재하고 있던 것이라고 믿었지. 이런 생각은 당시 그리스인에게는 널리 퍼져 있던 생각이었어. 그들은 세상의 모든 것들이 늘 있어왔다는 점을 당연한 사실로 인정했단다. 파르메니데스는 무(無)에서는 아무것도 생길 수 없다고 생각했지. 즉 존재하지 않는 것은 아무것도 될 수 없다고 믿었어.

그렇지만 파르메니데스의 생각은 대부분의 다른 철학자들보다 한 걸음 더 나아갔어. 그는 변화가 실제로는 절대 불가능하다고 생각했어. 아무것도 지금과는 다른 것으로 변할 수 없다는 거야.

파르메니데스 역시 자연에서 끊임없이 변화가 일어나고 있음은 잘 알고 있었어. 그는 감각을 통해서 사물이 어떻게 변하는지를 분류해냈지. 그렇지만 그는 그것을 이성적 설명과 일치시킬 수 없었단다. 파르메니데스가 감각에 의존해야 할지 아니면 이성에 따라 판단해야 할지 양자택일을 해야만 했을 때, 그는 이성을 선택했던 거야.

"나는 내가 직접 본 것만 믿는다."라는 말은 우리가 익히 잘 알고 있지. 하지만 파르메니데스는 눈으로 봐도 믿지 않았어. 그는 감각은 인간의 이성적 설명과 부합하지 않는, 그릇된 세계상을 전한다고 생각했지. 철학자로서 그는 모든 형태의 '감각적 착각'을 밝혀내는 것을 자신의 철학 과제로 삼았어.

이렇듯 인간 이성에 대한 강한 믿음을 합리주의라고 해. 합리주의자란 이성이 세계에 대한 우리의 지식의 원천이라고 확신하는 사람이란다.

모든 것은 흐른다

파르메니데스가 살던 때와 비슷한 시기에, 소아시아 에페소스에 헤라클레이토스(기원전 540년경~기원전 480년경)란 철학자가 있었어. 헤라클레이토스는 자연의 기본 특성을 지속적인 변화라고 생각했어. 따라서 헤라클레이토스가 파르메니데스보다 감각을 더 신뢰했다고 말할 수도 있겠지.

헤라클레이토스는 '모든 것은 흐른다.'라고 생각했어. 모든 것은 운동하며 어떤 것도 영원히 존속하지 않는다는 거지. 그래서 우리는 '같은 강물에 두 번 들어갈 수 없는' 거야. 두 번째로 내가 강물에 들어갈 때는 이미 강물도 나도 처음과는 달라졌기 때문이지.

헤라클레이토스는 세계를 지속적인 여러 대립 쌍으로 규정할 수 있음을 시사했어. 아파보지 않고는 건강의 중요성을 잘 이해할 수 없듯 말이야. 한 번도 굶주린 적이 없으면 배부름의 기쁨도 모르겠지. 전쟁이 없었으면 우리는 평화를 소중히 여기지 않았을 것이며, 겨울이 없다면 봄이 오는 것도 볼 수 없겠지.

헤라클레이토스는 선뿐만 아니라 악도 전체 속에서 필수적인 자리를 차지한다고 생각했단다. 대립 쌍 사이의 지속적인 교류가 없다면 이 세계는 이미 끝난 것과 다름없다고 생각했지.

헤라클레이토스는 "신은 낮과 밤이요, 겨울과 여름이며, 전쟁과 평화, 배부름과 굶주림이다."라고 말했어. 여기서 '신'이라는 단어는 물론 신화 속의 신을 의미하지는 않아. 헤라클레이토스가 말하고자 한 신 또는 신성한 것은 세계 전체를 포괄하는 어떤 것이란다. 그래, 그에게 신은 바로 그 내부에서 부단히 변화하고 모순에 가득 찬 자연이야.

헤라클레이토스는 '신'이란 단어 대신 '로고스'라는 그리스어를 자주 썼어. 이 말은 이성을 뜻하지. 헤라클레이토스는 인간이 늘 같은 생각을 하거나 똑같은 이성을 가진 것이 아니라면 자연의 모든 현상들을 조종하는 '세계 이성'이 있어야 한다고 생각했어. 이 세계 이성 또는 세계 법칙은 모든 사람에게 공통적으로 있는 것이며, 모든 인간은 이 세계 이성에 따라 행동해야 한다는 거야. 그러나 그는 사람들이 대개 자신의 개인적 이성에 따라 살아가고 있다고 했지. 여기서 헤라클레이토스는 그의 동시대 사람들에 관해 전혀 개의치 않았어. 사람들 대부분의 견해는 그에게 그저 '어린애 장난'에 지나지 않았지.

그러니까 자연이 보여주는 모든 변화와 대립에서도 헤라클레이토스는 통일과 전체성을 보았던 거야. 그는 만물의 바탕에 놓여 있는 이 어떤 것을 '신' 또는 '로고스'라고 불렀어.

네 가지 원소

파르메니데스와 헤라클레이토스는 한 가지 측면에서 서로 정반대였단다. 파르메니데스는 이성을 토대로, 아무것도 변하지 않는다고 분명히 밝혔어. 하지만 헤라클레이토스는 감각적 경험으로는 자연 속에서 끊임없는 변화가 일어난다고 설명했지. 두 사람 가운데 누가 옳을까? 우리는 이성이 우리에게 설명해주는 것을 믿어야 할까, 아니면 감각에 더 의지해야 할까?

파르메니데스와 헤라클레이토스는 다음 두 가지 진술로 각각의 생각을 밝혔어.

파르메니데스의 주장에 따르면,
가) 아무것도 변하지 않고
나) 그래서 감각적 인식은 믿을 수 없는 것이다.

그와 반대로 헤라클레이토스의 주장에 따르면,
가) 모든 것은 변하며('모든 것은 흐른다.')
나) 감각적 인식은 믿을 만한 것이다.

철학자들 사이에서 이렇게 큰 견해 차이를 보이는 경우가 또 있을까? 그렇다고 이 두 철학자 가운데 누구 말이 옳다고 할 수 있을까? 마침내 이 철학이 한데 뒤엉켜 있는 그물망에서 빠져 나올 방법을 찾아낸 사람은 철학자 엠페도클레스(기원전 494년경~기원전 434년)야. 그는 앞의 두 철학자의 주장이 한편으로는 둘 다 옳지만, 다른 한편으로는 두 사람 모두 오류를 범하고 있다고 생각했어.

엠페도클레스에 따르면, 두 철학자들이 보여주는 큰 견해 차이는, 바로 이들이 단 하나의 원소만 존재한다는 전제에서 출발하고 있기 때문에 생긴 결과라는 것이지. 만일 두 철학자의 의견이 옳다면, 이성이 설명하는 것과 우리 감각으로 이해할 수 있는 것 사이의 골은 더욱 깊어져서 결코 건널 수 없게 된다는 거야.

당연히 물이 물고기나 나비가 될 수는 없어. 물은 절대 변하지 않아. 깨끗한 물은 영원히 깨끗한 물로 남는 거란다. 그렇게 보면 아무것도 변하지 않는다는 파르메니데스의 견해는 맞아. 동시에 엠페도클레스는 감각이 설명해주는 바를 믿어야 한다는 헤라클레이토스의 생각에도 동의해. 우리는 우리가 눈으로 직접 보는 것을 믿어야 하고 지금 우리는 자연의 변화를 목격하고 있으니 말이야.

엠페도클레스는 유일한 원소에 대한 생각을 버릴 수밖에 없다는 인식에 도달했어. 물이든 대기든 간에, 오로지 한 원소가 장미 덤불이나 나비로 변할 수는 없으니까. 자연 역시 단 하나의 '원소'로는 유지될 수 없고.

엠페도클레스는 자연에 모두 네 가지 원소, 그러니까 그 자신의 표현을 빌리자면 네 가지 '뿌리'가 있다고 믿었어. 이 네 가지 원소로 흙, 공기, 불, 물을 꼽았지.

자연의 모든 변화는 네 가지 원소가 서로 혼합하고 다시 분리하면서 생긴다고 믿었단다. 따라서 만물은 단지 서로 다른 비율로 섞인 흙, 공기, 물과 불이라는 거지. 꽃이 시들거나 동물이 죽으면, 이 네 가지 원소는 다시 분리돼. 우린 맨눈으로도 이런 변화를 볼 수 있지. 하지만 흙과 공기, 불과 물은 혼합 과정을 거치면서도 변하지 않고 순수하게 남게 된다는 거야. 즉 '만물'이 변한다는 견해와는 맞지 않지. 근본적으로 변하는 것은 아무것도 없는 거니까. 단지 네 가지의 원소가 서로 혼합하고, 다시 혼합하기 위해 분리되는 일이 일어날 뿐이지.

이런 과정을 화가가 그림 그리는 것과 비교해볼 수 있어. 화가가 한 가지 물감, 예를 들면 빨간색 물감만 가지고 있다면 초록색 나무를 그릴 수 없겠지. 하지만 그가 빨간색, 노란색, 파란색, 그리고 검정색 물감을 가지고 있다면, 그는 이 여러 물감을 다양한 비율로 섞어 수백 가지 색채를 띤 그림을 그려낼 수 있을 거야.

또 부엌일에서도 마찬가지야. 만약 밀가루 한 가지만으로 케이크를 만들려면 나는 마법사가 되어야 할 거야. 하지만 달걀과 밀가루, 그리고 우유와 설탕이 있다면 이 네 가지 재료로 여러 종류의 빵을 만들어낼 수 있겠지?

엠페도클레스가 흙과 공기 그리고 불과 물을 자연의 뿌리라고 생각한 것도 우연이 아니야. 다른 철학자들은 엠페도클레스보다 앞서서 유일한 원소가 물이나 공기 또는 불이라는 것을 증명해 보이려고 노력했어. 물과 공기가 자연의 중요한 기본 요소임을 강조한 사람은 철학자 탈레스와 아낙시메네스였어. 그리스인들은 불도 중요하게 생각했어. 예를 들면 그들은 자연의 모든 생명체에겐 태양이 중요하다는 사실과 사람과 동물의 체온에 관해서도 잘 알고 있었어.

아마 엠페도클레스는 장작이 타는 장면을 관찰했을지도 몰라. 바로 사물이 분해되는 과정이지. 우린 활활 타오르는 장작이 내는 탁탁 소리를 들을 수 있어. 그것은 물이 내는 소리란다. 또 어떤 무언가는 연기로 변하지! 그건 공기이고. 우리가 보고 있는 불이 꺼지면 재가 남는데 그것이 흙이란다.

엠페도클레스가 자연의 변화는 네 가지 자연의 뿌리가 혼합하고 다시 분리되면서 생겨난다는 점을 지적한 이후에도, 여전히 풀지 못한 문제가 있어. 즉 이러한 물질들이 서로 섞여 새로운 생명체를 만들어내는 원리가 무엇일까? 그리고 예를 들어 꽃이라는 '혼합물'을 다시 분해하는 힘은 무엇일까?

엠페도클레스는 자연에는 서로 다른 두 힘이 작용한다고 생각했어. 그는 이 두 힘을 '사랑'과 '갈등'이라고 불렀어. 사물을 결합시키는 것은 사랑의 힘이며, 분리시키는 것은 갈등의 힘이라고 보았지.

또 우리가 잘 살펴보아야 할 점은, 그가 '물질'과 '힘'을 구분했다는 사실이야. 오늘날에도 과학 분야에선 원소들과 자연계에 내재하는 힘들을 엄격히 구분한단다. 현대 과학에서도 모든 자연의 진행 과정은 여러 원소들과 자연에 존재하는 힘들의 상호작용으로 설명할 수 있다고 믿고 있어.

엠페도클레스는 그 밖에도 우리가 무언가를 감지하면, 무슨 일이 일어난 것인지를 밝혀내려 했단다. 예를 들면 내가 어떻게 꽃을 '볼' 수 있는 것일까? 꽃을 볼 때 어떤 일이 일어나는 것일까? 소피야! 넌 이런 문제를 생각해본 적이 있니?

엠페도클레스는 우리 눈이 자연의 다른 만물과 마찬가지로 흙과 공기, 물과 불로 이루어져 있다고 믿었어. 따라서 우리 눈의 흙 성분은 흙으로 된 대상을 포착하고, 공기 성분은 공기로 된 것을, 그리고 물과 불은 각각 물 성분과 불 성분을 파악해낼 수 있다고 생각했지. 이 네 가지 원소 가운데 하나라도 눈 속에 들어 있지 않다면, 나도 자연을 전혀 볼 수 없었을 거야.

모든 부분 속에 깃든 전체

특정한 원소, 예를 들면 물이 우리가 자연에서 볼 수 있는 만물로 모습이 바뀔 수 있다는 생각에만 만족하지 않은 한 철학자가 있었어. 그가 바로 아낙사고라스(기원전 500경~기원전 428년)야. 아낙사고라스는 흙과 공기와 물과 불이 피, 뼈, 피부, 머리카락이 된다는 생각을 받아들이지 않았어.

아낙사고라스는 자연이 눈에 보이지 않는 수많은 아주 작은 조각들로 조립되어 있다고 생각했지. 만물은 더 작은 조각으로 분리할 수 있지만, 가장 작은 조각도 그 속에 전체의 모습을 내포하고 있다고 보았어. 피부와 머리카락이 어떤 다른 사물에서 생길 수 없으므로, 우리가 마시는 우유와 먹는 음식 속에 피부와 머리카락을 구성하는 것이 들어 있어야 한다고 말이야.

아마 오늘날 볼 수 있는 다음 두 사례는 아낙사고라스가 생각한 바를 좀 더 명확히 해줄 거야. 오늘날의 레이저 기술은 이른바 '홀로그램'을 만들어내기에 이르렀어. 예를 들면 홀로그램이 자동차를 재현하고 이내 사라져버려도, 홀로그램의 한 조각만 있으면 방금 나타났던 자동차의 범퍼를 보여줄 수 있어. 홀로그램은 아주 작은 조각 속에도 전체의 모습이 나타나기 때문이지.

사람의 몸도 근본적으로는 그렇게 조직되어 있단다. 내 손가락에서 피부 세포를 긁어 떼어내면, 그 피부 세포의 핵은 피부에 관해서만 설명해주는 것이 아니야. 내 눈과 머리색, 그리고 손가락 숫자와 모양새 등등 아주 많은 설명이 바로 한 세포 속에 들어 있단 말이지. 세포 하나하나에는 내 신체 속의 다른 모든 세포가 어떻게 구성되어 있는지에 대한 상세한 설명이 깃들어 있어. 가장 작은 부분 속에도 전체의 모습이 담겨 있는 것이지.

아낙사고라스는 사물 전체를 내포하는, 이 가장 작은 부분을 '씨'나 '싹'이라고 불렀어.

사랑의 힘이 각 원소들을 온전한 물체로 조립해준다는 엠페도클레스의 말이 기억나지? 아낙사고라스도 이른바 질서를 세우고, 사람과 동물 그리고 꽃과 나무를 창조하는 어떤 힘이 있다고 생각했어. 그 힘을 정신이라고 했지.

그 외에도 아낙사고라스는 우리에게 생애가 알려진, 아테네 최초의 철학자라는 점에서 흥미로워. 그는 소아시아 출신인데 마흔 살쯤에 아테네로 이주했단다. 아테네에서 그는 무신론자라는 이유로 고소를 당해서 그 도시를 떠날 수밖에 없었어. 그는 무엇보다도 태양이 신이 아니라 펠로폰네소스 반도보다 더 큰 불덩어리라고 주장했지.

아낙사고라스는 특히 천문학에 지대한 관심이 있었어. 그는 모든 천체가 지구와 똑같은 물질로 이뤄졌다고 믿었단다. 어느 한 운석을 연구하고 나서 이런 확신을 하게 되었지. 그래서 다른 행성에도 사람이 살 수 있을 것이라고 생각했어. 또 달은 그 스스로 빛나는 게 아니라 지구의 빛을 받아 빛나고 있다고 설명했고. 이렇게 해서 결국 그는 어떻게 일식이 일어나는 지를 규명해냈지.

추신 : 소피야, 내 편지를 주의깊게 읽어줘서 고맙구나. 전부 이해하려면, 이 단원을 아마 두세 번은 읽어야 할 거야. 이해하기 위해서는 어

느 정도의 노력도 필요하단다. 이제 너는 전혀 노력하지 않고 모든 일을 잘하는 사람에 대해 감탄하지는 않겠지.

자연의 원소와 변화에 관한 문제에 관해서 최선의 해답을 구하는 일은 내일까지 기다려야겠어. 내일은 철학자 데모크리토스를 배우게 될 거야. 더 이상은 미리 말해줄 수 없어!

소피는 동굴 안에 앉아서 탁 트인 바깥을 응시했다. 지금껏 읽은 내용을 머릿속에서 정리해보려고 했다.

물론 보통 물이 얼음이나 수증기 외의 다른 것이 될 수 없다는 사실은 너무나 명백하다. 물이 수박이 될 수는 없다. 수박은 물 말고도 다른 성분을 가지고 있기 때문이다. 하지만 소피가 그렇게 확신할 수 있는 것은 이미 그렇게 배웠기 때문이다. 그렇게 배우지 않았더라도 얼음이 물로 되어 있다고 확신할 수 있을까? 확신한다면 분명 물이 어떻게 얼음이 되고, 얼음이 어떻게 녹아내리는지 정확하게 관찰했기 때문일 것이다.

소피는 다시 다른 사람에게 배운 지식에 의존하지 않고 스스로 생각해보려고 애썼다.

파르메니데스는 어떤 종류의 변화도 받아들이지 않았다. 소피는 생각하면 할수록 파르메니데스가 한 가지 면에서는 옳았다는 확신이 들었다. 그의 이성은 '사물'이 갑자기 '전혀 다른 사물'로 변화한다는 생각을 수용할 수 없었다. 파르메니데스는 자기 생각을 말할 때 아마 무척 용기를 내야 했을 것이다. 사람이 눈으로 확인할 수 있는 모든 자연 변화를 부정해야만 했을 테니까 말이다. 분명 많은 사람들이 그를 비웃었을 것이다.

엠페도클레스 역시 자기 이성의 판단에 따라 세계는 필연적으로 한 가지 이상의 원소로 이루어져 있을 거라고 설명했다. 이런 식으로 모든 자연 변화는 실제로는 변하지 않으며 이루어질 수 있다는 것이다.

이러한 사실을 옛날 그리스의 철학자가 이성만으로 밝혀냈다. 그는 물론 자연을 관찰하기는 했지만, 오늘날의 과학처럼 화학적 분석을 해낼 수는 없었다.

소피 자신은 스스로 만물이 흙과 공기, 불과 물로 되어 있다고 확신하는지는 알 수 없었지만 그런 확신이 무슨 소용이 있을까? 이론적으론 엠페도클레스의 생각이 맞다. 이성에 따른 판단과 모순되지 않으면서 동시에 우리 눈에 보이는 모든 변화를 수용할 수 있는 유일한 가능성은 바로 세계가 한 가지 이상의 원소로 되어 있다는 생각뿐이다.

소피에겐 철학이 무척 흥미로웠다. 소피가 학교에서 배운 지식을 떠올리지 않아도 자기의 이성만으로 여러 생각들을 따라가 볼 수 있기 때문이었다. 소피는 근본적으로 철학은 배워서 익힐 수 없지만 철학적으로 '사유하는' 방법은 배울 수 있다고 생각했다.

데모크리토스

…… 세상에서 가장 기발한 장난감 ……

소피는 낯선 철학 선생님의 편지를 과자 통에 넣었다. 동굴에서 슬그머
니 빠져나와 잠시 바깥에서 정원을 바라보았다. 불현듯 어제 있었던 일
들이 떠올랐다. 아침을 먹을 때도 엄마는 '그 연애편지들 말이지!' 하며
소피를 놀렸다. 소피는 또 그런 일이 생기지 않게 하려고 냅다 우편함으
로 뛰어갔다. 이틀 연속 연애편지를 받는 것은 두 배로 민망한 일이다.

우편함엔 작은 하얀 봉투가 있었다! 소피는 이제 서서히 편지가 오는
방식을 알 것 같았다. 매일 오후엔 큰 갈색 편지봉투가 우체통에 들어 있
다. 그리고 그 편지를 읽는 동안, 그 철학자는 또 한 번 흰 편지를 슬쩍 우
편함에 두고 가겠지.

그를 (아니면 여자일까?) 쉽게 찾아낼 수도 있을 것이다. 창가에 서서 우
편함을 감시하면 분명 그 신비한 철학자가 누군지 밝힐 수 있으리라. 편
지봉투들이 저절로 나타날 수는 없으니까.

소피는 내일 꼭 정신을 바짝 차리고 살피겠다고 다짐했다. 내일은 주말이 눈앞에 다가오는 금요일이다. 이제 소피는 방으로 가서 편지봉투를 뜯었다. 오늘은 쪽지에 질문이 한 가지만 적혀 있었지만 먼젓번의 '연애편지'에 적힌 세 가지보다 더 기막힌 질문이다.

왜 레고가 세상에서 가장 기발한 장난감일까?

사실 소피는 레고를 세상에서 가장 기발한 장난감이라고 생각해본 적도 없다. 벌써 몇 년 전부터 레고를 갖고 놀지 않았다. 그런데 레고 놀이가 철학과 무슨 관계가 있는 걸까?

소피는 말 잘 듣는 착한 학생이었다. 옷장 위칸을 샅샅이 뒤져 크기와 모양이 다양한 레고 조각들이 든 비닐봉지를 찾아냈다.

소피는 오랜만에 작은 레고 조각들을 쌓아올리면서 레고 놀이에 대해 곰곰이 생각해보았다.

레고 조각 쌓기는 정말 쉽다. 서로 크기와 모양이 달라도 레고 조각은 서로 끼워 맞출 수 있다. 또 쉽게 망가지지 않는다. 소피는 고장 난 레고 조각을 본 적이 없다. 소피의 레고 조각은 몇 년 전 처음 받았을 때처럼 새것 같다. 무엇보다도 소피가 레고 조각으로 만들고 싶은 것은 죄다 만들 수 있다. 만든 것을 부수고 아주 다른 모양을 만들 수도 있다.

장난감에 무엇을 더 바라겠는가? 소피는 그제야 레고 조각은 세상에서 가장 기발한 장난감이라고 확신했다. 하지만 철학과 무슨 관련이 있는지는 여전히 이해할 수 없었다.

소피는 곧 커다란 인형집을 완성했다. 한동안 이렇게 즐거운 적이 없었다고 새삼 느꼈다. 왜 사람들은 어른이 되면 노는 걸 그만두게 될까?

엄마가 집에 돌아와 소피의 인형집을 보고는 말했다.

"귀여워라! 아기들처럼 놀고 있었구나."

"아이 참! 저는 복잡한 철학 연구 중이라고요."

소피 엄마는 땅이 꺼질세라 깊은 한숨을 내쉬었다. 아마도 큰 토끼와 마술사의 모자를 떠올린 모양이다.

다음 날 소피가 학교에서 돌아오니 이전보다 더 많은 편지지가 들어 있는 큰 갈색 봉투가 또 와 있었다. 소피는 봉투를 들고 제 방으로 올라 갔다. 마음 같아선 당장 읽고 싶었지만 오늘은 꼭 우편함에서 눈을 떼지 않을 생각이었다.

원자론

소피야, 반갑구나! 오늘은 마지막 위대한 자연철학자 이야기를 들려 줄게. 데모크리토스(기원전 460년경~기원전 370년)라는 철학자로, 에게 해 북부 연안의 조그만 항구 도시 압데라 사람이야. 네가 레고 조각에 관한 문제에 답할 수 있다면, 이 철학자의 구상을 이해하기가 그리 어렵지 않 을 거야.

데모크리토스는 자연에서 관찰할 수 있는 변화란, 사물이 실제로 '변 했음'을 뜻하지 않는다는 선배 철학자들의 생각에 동의했어. 따라서 만 물은 각각 영원불변하는, 눈으로 보이지 않는 작은 입자로 구성되었을 것이라고 가정했지. 데모크리토스는 이 가장 작은 입자들을 원자라고 불렀단다.

'원자'라는 말은 '더 이상 쪼갤 수 없는 것'을 의미해. 데모크리토스에게는 만물을 이루고 있는 원자를 더 작은 부분들로 무한히 쪼갤 수 없다는 결론이 중요했어. 그래, 만일 원자가 영원히 계속 작게 나뉘어 더 작은 입자로 쪼개질 수 있다면, 자연은 마치 멀건 수프처럼 서서히 녹아버릴 거야.

더욱이 자연의 구성 입자는 영원해야 해. 왜냐하면 사물은 아무것도 없는 상태에서 생겨날 수는 없으니까. 이 점에 관해서는 그도 파르메니데스와 엘레아 학파의 의견에 동의했어. 그 밖에도 그는 모든 원자가 단단하며 빈틈이 없다고 생각했어. 그러나 모든 원자들이 다 같다는 것은 아니야. 만일 원자가 다 같다면 우리는 원자들이 뭉쳐 양귀비 꽃과 올리브 나무에서부터 염소 가죽과 사람 머리카락에 이르기까지 모든 것을 이룰 수 있다는 사실에 대한 적절한 설명이 필요하겠지!

데모크리토스는 자연에 다양한 원자가 무한히 존재한다고 생각했어. 어떤 원자는 모양이 둥글고 매끈하며, 또 어떤 원자는 불규칙하고 휘어져 있다는 거였어. 원자는 그렇게 불규칙한 모양을 하고 있기에 다양한 물체들을 구성해낸다는 거야. 중요한 건 이렇게 많고 다양한 원자들은 모두 영원하고 변하지 않으며 더 이상 쪼개질 수 없다는 것이지.

예를 들면 나무나 동물과 같은 어느 물체가 죽어서 분해되면, 그 물체를 이루고 있던 원자는 흩어져 새로운 물체를 이루는 데 쓰이게 돼. 원자는 비록 공간 속에서 움직이고 있지만 서로 다른 '볼트'와 '너트'를 갖고 있기 때문이야. 그래서 이 원자들은 다시 결합해 우리 주위에서 볼 수 있는 여러 사물이 되는 거야.

이제 내가 레고 조각을 가지고 무슨 말을 하려고 했는지 이해할 수 있겠지? 레고 조각 하나하나는 데모크리토스가 원자의 특성으로 생각한 모든 특성이 있기 때문에 우리가 레고 조각을 잘 조립할 수 있는 것이지. 레고 조각은 더 나뉘지 않는 특성을 지녔어. 또 그 형태나 크기가 다르고 견고해서, 그 속으로 다른 어떤 것도 통과할 수 없지. 게다가 레고 조각들은 모든 형상을 조립할 수 있는 요철이 있어. 결합시켜서 만든 형상을 해체하고 해체한 그 레고 조각들을 가지고 다시 새로운 형상을 만들 수도 있지.

이렇게 계속 다시 쓸 수 있다는 점이, 바로 사람들이 레고를 그토록 좋아하게 된 이유야. 동일한 레고 조각이 오늘은 자동차가 되었다가 내일은 성이 되는 것이지. 게다가 레고 조각은 '영원'해. 오늘날 아이들은 예전 자기 부모님이 어릴 때 갖고 놀던 그 레고 조각들을 가지고 놀 수 있단 말이지.

우리는 점토를 가지고도 여러 사물을 빚어낼 수 있어. 그러나 점토는 계속 다시 쓸 수 없어. 점토는 점점 말라가기 때문에 최대한 작은 부스러기로 계속 쪼갤 수는 있지만 다시 새로운 물체로 '합칠' 수는 없기 때문이지.

오늘날 우리는 데모크리토스의 원자론이 옳다고 주장할 수도 있을 거야. 실제로 자연은 다른 원자와 결합하고 또다시 분리되는 다양한 원자로 구성되어 있어. 지금 내 코 끝의 세포 안에 들어 있는 수소 원자가 옛날에는 코끼리 코에 있었을지도 몰라. 또 내 심장 근육을 이루는 탄소 원자가 한때는 공룡의 꼬리였을지도 모르지.

오늘날 과학이 연구한 바로는 이 원자들을 더 미세한 '소립자'로 나눌 수 있어. 이 미세한 소립자를 양성자, 중성자, 그리고 전자로 구분해서 부르지. 아마 이 소립자들을 더 미세한 조각으로 나눌 수도 있을 테지만, 물리학자들은 모두 어느 지점에선 경계를 지을 수밖에 없다고들 해. 곧 자연을 구성하고 있는 '가장 작은 부분'이 존재한다는 것이지.

데모크리토스는 오늘날처럼 전자 기기를 사용할 수는 없었어. 그의 유일한 도구는 이성이었지. 하지만 이성은 데모크리토스에게 전혀 선택의 여지를 주지 않았어. 다시 말해 일단 우리가 어떤 것도 자기 아닌 다른 것으로 변할 수 없고, 아무것도 무에서 생겨날 수 없으며, 또한 아무것도 소멸하지 않는다는 것을 받아들일 경우에, 자연은 서로 결합과 분리를 거듭하는 미세한 소립자로 이루어졌다고 말할 수밖에 없는 거야.

데모크리토스는 자연의 진행 과정에 개입하는 '힘' 혹은 '정신'을 전혀 고려하지 않고 원자들과 빈 공간만이 존재한다고 생각했어. 오로지 물질적인 것만 믿었기 때문에 데모크리토스를 유물론자라고 하지.

그리고 원자들의 운동 배후엔 전혀 특정한 '의도' 같은 건 없어. 하지만 이 말은 모든 일이 '우연'이라고 하는 건 아니야. 만물은 변치 않는 자연 법칙을 따르고 있기 때문이지. 데모크리토스는 만물이 생기는 데는 생겨난 어떤 자연적 원인이 있는데, 그 원인은 바로 사물들 자체에 있다고 믿었어. 언젠가 그는 페르시아의 왕이 되기보다는 자연 법칙을 밝혀내고 싶다고 말한 적도 있지.

데모크리토스는 원자론이 우리의 감각도 설명하고 있다고 말했단다. 우리가 사물을 감지한다면, 그건 이미 빈 공간에서 원자들이 운동을 하고 있기 때문이라는 거야. 내가 달을 볼 수 있는 것은, '달의 원자들'이 내 눈에 와 닿기 때문이야.

그렇다면 의식은 어떤 것일까? 의식이 원자로, 다시 말해 물질로 이루어질 수는 없을까? 데모크리토스는 영혼이 특히 둥글고 매끈한 '영혼 원자들'로 구성되어 있다고 상상했어. 사람이 죽으면, 이 영혼 원자들이 사방으로 흩어져 돌아다니다가 방금 생긴 새로운 영혼과 결합한다고 본 거야.

이 말은 곧 인간에겐 불멸의 영혼이 없다는 뜻이야. 이 생각은 오늘날에도 많은 사람이 공유하고 있지. 그들은 데모크리토스와 마찬가지로 영혼이 두뇌와 관계한다고 생각해서 두뇌 활동이 멈추면 우린 어떤 형태의 의식도 가질 수 없다는 거야.

그리스의 자연철학자들 가운데 데모크리토스는 그의 원자론과 더불어 잠정적인 결론을 내렸어. 그는 자연 속의 모든 것이 '흐른다'고 믿는 헤라클레이토스의 의견에 동의했지. 형상은 계속 생기고 또 소멸하기 때문이야. 하지만 모든 흘러가는 것들 이면에는 흘러가지 않고 영원불변하는 그 무엇이 존재한다고 믿었는데 데모크리토스는 그것을 원자라고 했어.

소피는 편지를 읽는 동안에도 편지를 보낸 그 수수께끼의 인물이 우편함 근처에 모습을 나타내지 않을까 하는 마음에서 여러 번 창밖을 내다보았다. 읽은 내용을 곰곰 생각하면서도 내내 길가를 주시했다.

소피가 보기에 데모크리토스의 생각은 아주 단순하면서도 빈틈이 없어서 '원소'와 '변화'의 문제에 대한 해답을 찾아냈다. 이 문제는 너무 복잡해서 철학자들이 몇 세대에 걸쳐 씨름해왔는데 결국 데모크리토스가 자신의 이성만으로 모든 문제를 해결했던 것이다.

소피는 슬며시 미소를 지었다. 자연이 결코 변하지 않는 아주 작은 소립자로 이루어져 있다는 데모크리토스의 생각은 분명 사실이다. 이와 동시에 자연 속의 모든 형태는 '흘러간다'는 헤라클레이토스의 주장 역시 당연히 옳은 것이다! 왜냐하면 인간과 동물은 모두 죽으며, 산도 서서히 해체되기 때문이다. 이때 중요한 것은 산 역시 절대 부서지지 않고, 분리할 수 없는 작은 소립자로 이루어져 있다는 점이다.

데모크리토스는 새로운 문제들을 제기했다. 예를 들면 만물의 변화는 아주 기계적으로 진행된다고 주장한 것이다. 그는 엠페도클레스나 아낙사고라스가 인정한 정신적인 힘의 존재를 절대 인정하지 않았다. 그 밖에 인간에게 영원불멸하는 영혼이 있다는 것도 믿지 않았다.

소피는 데모크리토스의 생각이 옳다고 확신할 수 있을까?

소피 자신도 도무지 알 수가 없었다. 이제 처음으로 철학 수업을 받기 시작했을 뿐이니까.

운명

…… 예언가는 원래 해석할 수 없는 것을 애써 해석하려고 한다 ……

소피는 데모크리토스에 관한 글을 읽으며 줄곧 정원 문에서 눈을 떼지
않았다. 그래도 안심이 되지 않아, 직접 우편함을 살피러 갔다 와야겠다
고 마음먹었다.

현관문을 열자, 밖의 층계 위에 웬 작은 편지봉투가 놓여 있었다. 주소
도 없이 '소피 아문센 양 앞'이라고만 적혀 있다.

이런, 철학자에게 속았구나! 우편함을 내내 지켜보았는데 오늘따라
그 수수께끼의 철학자가 다른 쪽으로 몰래 숨어들어 왔을 줄이야! 이 편
지를 층계 위에 올려놓고 숲으로 사라진 것이다. 에잇!

소피가 오늘 우편함을 지켜볼 줄 어떻게 알았을까? 그 철학자가 창가
에 있던 소피를 보았나? 소피는 어쨌든 엄마가 돌아오기 전에 일찌감치
편지봉투를 발견해서 기뻤다.

소피는 다시 제 방으로 가서 편지를 뜯었다. 흰 봉투의 네 귀퉁이가 약

간 젖었고, 또 몇 군데 깊게 자국이 나 있다. 최근 며칠 동안 비가 전혀 오지 않았는데 어쩐 일일까?

작은 편지지에는 다음과 같이 적혀 있었다.

소피 넌 운명을 믿니?
질병은 신들이 내린 벌일까?
역사의 진행을 조종하는 힘은 무엇일까?

소피가 운명을 믿느냐고? 소피는 운명을 믿지 않지만 그걸 믿는 사람들을 아주 많이 알고 있다. 예를 들면, 같은 반 친구들 가운데 네댓 명은 잡지에 난 '오늘의 운세'를 읽고 있었다. 점성술을 믿는 친구는 운명을 믿는 게 틀림없다. 왜냐하면 점성술사는 하늘의 별자리가 지상에 있는 사람들의 운명에 영향을 미친다고 믿기 때문이다.

검은 고양이가 가던 길을 가로질러 가는 것이 불길한 징조라고 믿는다면, 이것도 운명을 믿는 것일까? 이 점에 관해 소피가 곰곰 생각할수록 운명을 믿는 많은 예들이 머릿속에 떠올랐다. 왜 사람들은 "마가 끼면 안 되는데.", "잘 돼야 할 텐데."라는 말을 할까? '13일의 금요일'은 왜 불길할까? 또 소피가 듣기로 많은 호텔들은 방 번호에 13이 없다. 이는 분명 미신을 믿는 사람들이 많기 때문일 것이다.

'미신', 이것은 이상한 말이 아닐까? 유일신인 하느님을 믿는 건 '믿음'이라고 하면서 점성술을 믿거나 '13일의 금요일'을 불길한 날이라고 생각하면 미신이라니?

누가 다른 사람의 믿음을 미신이라고 할 자격이 있단 말인가?

여하튼 소피에겐 한 가지 사실만은 분명했다. 데모크리토스는 운명을 믿지 않았다는 사실 말이다. 그는 유물론자다. 그리고 원자와 빈 공간만을 믿었다.

소피는 편지에 있는 다른 질문에 대해 고심해보았다.

'질병은 신들이 내린 벌인가?' 요즘은 누가 그렇게 생각할까? 그런데 많은 사람들이 건강을 위해 신에게 비는 모습이 언뜻 소피의 머리를 스치고 지나갔다. 그렇다면 그들은 신이 사람의 질병과 건강 문제에 관계하고 있다고 믿는 것 아닌가?

마지막 질문이 대답하기 제일 어려웠다. 소피는 지금껏 역사의 진행을 조종하는 그 무엇에 대해 생각해본 적이 없기 때문이다. 하지만 그 무엇은 분명 사람이어야 하지 않을까? 만일 신이나 운명이라면 인간에겐 자유의지가 없다는 말이 된다.

이 자유의지라는 말은 아주 다른 생각으로 소피를 이끌었다. 왜 그 수수께끼 같은 철학자와 숨바꼭질을 해야 할까? 나는 왜 그 철학자에게 편지를 쓰지 않았을까? 그(또는 그녀)는 확실히 오늘 밤이나 내일 아침에 우편함에 새로운 편지를 넣고 갈 테니까, 나도 그에게 보내는 편지를 우편함에 넣을 수 있을 텐데.

소피는 바로 생각을 실행하고 싶었지만, 아직 한 번도 본 적이 없는 사람한테 편지를 쓰는 일은 무척 어려웠다. 게다가 아직 그 철학자가 남자인지 여자인지도 모르고 또 젊은지, 나이가 많은지도 모르지 않는가. 그러나 그 사람은 소피가 이미 알고 있는 사람일 수도 있다.

소피는 편지를 써 내려갔다.

존경하는 철학 선생님!

선생님께서 베풀어주시는 철학 강의를 저는 매우 소중히 여기고 있어요. 하지만 철학 선생님이 누구신지 모르고 있다는 점이 무척 안타까워요. 그래서 선생님의 이름을 밝혀주셨으면 합니다. 선생님의 배려에 보답하는 뜻에서 선생님을 저희 집에 초대해 커피를 한잔 대접하고 싶어요. 엄마가 집에 안 계시는 시간이 더 좋겠어요. 엄마는 월요일에서 금요일까지 오전 7시 30분부터 오후 5시까지 일하세요. 이때엔 저도 학교에 있을 시간이지만 매주 목요일에는 2시 15분이면 수업을 마치고 집으로 돌아와요. 제가 끓인 커피는 정말 맛있어요. 와주실 것으로 알고 미리 감사드릴게요.

안녕히 계세요.

— 열네 살의 열성적인 제자, 소피 아문센 올림

소피는 편지지 맨 끝에 '답장 기다릴게요'라고 덧붙였다.

소피는 자기 편지 내용이 너무 정중하단 생각이 들었지만 얼굴도 모르는 사람에게 어떻게 편지를 써야 할지 알 수 없었다.

이 편지를 분홍색 편지봉투에 넣고 풀로 붙였다. 봉투에는 '철학 선생님께!'라고 적었다.

문제는 이 편지를 엄마가 모르게 우편함에 넣는 일이다. 엄마가 집에 오기 전에, 이 편지를 우편함에 넣어둘 수밖에 없다. 그와 동시에 내일 아침, 신문이 배달되기 전에 꼭 우편함을 살펴봐야 한다. 만일 저녁이나 밤사이에 새 편지가 오지 않으면 소피는 이 분홍빛 봉투를 도로 가져와야 한다.

왜 이렇게 모든 일이 복잡하지?

금요일 저녁이었는데도 소피는 일찍 자기 방으로 갔다. 엄마가 소피에게 피자를 먹으면서 범죄 드라마를 같이 보자고 했지만 소피는 피곤하다며 침대에서 책을 읽을 거라고 했다. 엄마가 텔레비전을 보는 동안, 소피는 편지를 들고 우편함으로 살금살금 다가갔다.

엄마는 분명히 걱정하고 있었다. 소피가 커다란 토끼와 마법사의 모자를 얘기한 이후, 소피를 대하는 말투가 아주 달라졌다. 소피는 엄마에게 걱정을 끼치고 싶지 않았지만 지금은 자기 방으로 가 우편함을 지켜봐야 한다.

11시경 엄마가 소피 방으로 왔을 때, 소피는 창가에 앉아 길가를 내려다보고 있었다.

"우편함을 보고 있는 거니?"

"맞아요."

"소피야, 정말 네가 사랑에 빠진 것 같구나. 하지만 네 친구가 새 편지를 가져오더라도, 아마 한밤중은 아닐 거야."

세상에! 소피는 이 연애 신파극을 도저히 참을 수 없었지만 지금은 그저 엄마가 그렇게 믿도록 내버려 둘 수밖에 없다.

엄마는 계속 말했다.

"그 애가 토끼랑 마법사의 모자 이야기를 한 거니?"

소피는 고개를 끄덕였다.

"그 애…… 혹시 마약을 하는 건 아니겠지?"

이제 소피는 정말 엄마가 안타까웠다. 엄마가 그런 걱정을 하는 모습을 더 이상 두고 볼 수만은 없었다. 물론 말도 안 되는 소리를 믿을 수도 있긴 하지만 마약과 관련이 있을지도 모른다는 이런 기막힌 생각을 하시다니! 어른들은 때때로 정말 바보 같다.

소피는 말했다.

"엄마, 지금 이 자리에서 약속할게요. 전 마약 같은 것엔 절대로 손대지 않을 거예요. 그리고 '그 친구'도 마약은 안 해요. 그 아인 철학에 대단히 흥미를 갖고 있어요."

"그 친구는 너보다 나이가 많으니?"

소피는 고개를 저었다.

"동갑이니?"

소피는 고개를 끄덕였다.

"아주 멋진 친구겠구나. 이제 잘 시간인 것 같네."

그러나 소피는 계속 자리에 앉아서 길가를 내다보았다. 새벽 1시쯤, 소피는 너무 졸려서 계속 두 눈이 감겼다. 거의 잠들 뻔했다. 바로 그때, 갑자기 숲에서 나오는 그림자를 발견했다.

밖은 아주 어두웠지만, 사람의 윤곽은 충분히 알아볼 수 있었다. 남자였고, 나이가 꽤 많아 보였다. 소피와 비슷한 또래는 아니었다! 머리에 베레모 같은 것을 쓰고 있었다.

남자는 소피 집을 올려다보았지만 소피는 방에 불을 꺼둔 상태였다. 남자는 우편함에 큰 봉투를 밀어 넣었다. 그는 돌아서려 하다가 소피의 편지를 발견하곤 꺼내서 숲길을 따라 뛰어가더니, 이내 사라져버렸다.

소피 가슴은 콩콩 뛰었다. 잠옷 차림 그대로 달려가 뒤를 쫓고 싶었지만 한밤중에 아주 낯선 남자를 뒤쫓아 갈 수는 없었다. 하지만 지금 바로 편지를 가져와야 한다는 것, 그건 분명했다.

살금살금 계단을 내려가 조심스레 대문을 열고는 우편함으로 달려갔다. 소피는 편지를 손에 꼭 쥔 채 방으로 되돌아와 침대에 앉아 숨을 모아 내쉬었다. 몇 분이 흘렀을까, 숨이 가라앉자 편지봉투를 뜯고 편지를 읽기 시작했다.

소피는 지금 자신의 편지에 대한 답장은 당연히 기대하지 않았다. 빨라야 내일쯤에나 회신이 오리라고 생각했다.

운명

또 만났구나, 소피야!

절대 내 뒤를 몰래 따라다녀선 안 된다는 점을 확실하게 말해두어야 겠구나. 언젠가 우린 만나게 되겠지만, 그 때와 장소는 내가 정할 거야.

넌 분명 내 말을 잘 지켜주겠지?

다시 철학자들에 관해 얘기를 나누자. 우리는 철학자들이 자연의 변화를 자연스러운 방식으로 설명하기 위해 얼마나 노력했는지 알게 되었어. 철학이 생기기 전에는 자연의 변화를 신화를 통해 설명했지.

그러나 없애야만 할 미신들은 다른 분야에도 많았어. 우리는 건강과 질병과 관련해서뿐만 아니라 정치에서도 이런 면을 볼 수 있지. 고대 그리스인들은 이 두 분야에서 운명을 맹신했단다.

'운명에 대한 믿음'은 무슨 일이 일어날지 미리 정해져 있다는 믿음을 의미해. 이러한 믿음은 세계적으로 오늘날뿐만 아니라 역사상 다른 시대에도 있어왔단다. 이곳 북유럽의 옛 아이슬란드 전설에서도 운명에 대한 강한 믿음을 볼 수 있지.

그 밖에도 사람들은 고대 그리스인이나 다른 민족에게서 여러 신탁을 통해 자신들의 운명을 통찰할 수 있다는 생각을 접하게 돼. 즉, 한 사람이나 또는 한 국가의 운명을 여러 가지 방법으로 예견하거나 어떤 특정한 '징조'로 설명할 수 있다는 거야.

카드점이나 손금을 보거나 또는 별자리를 해석하는 일이 가능하다고 믿는 사람들이 아직도 많아.

커피 찌꺼기로 점을 치는 방법도 널리 알려져 있지. 커피 한 잔을 마시고 나면 찻잔 바닥에 약간의 커피 찌꺼기가 남게 되는데 이때 커피 찌꺼기가 어떤 특정한 상이나 무늬를 보여준다는 거야. 물론 상상력을 약간 동원해야 하지만. 가령 남은 커피 찌꺼기가 자동차 모양을 하고 있으면, 이 커피를 마신 사람이 곧 장시간 자동차 여행을 하게 될 것이라고 풀이할 수 있지.

'예언가들'은 원래 해석할 수 없는 것을 애써 해석하려고 하잖아. 모든 예언술의 전형적 모습이지. 그러나 무엇을 근거로 '예언하는지' 너무 불분명하기 때문에 예언가의 예언을 반박하기도 쉽지 않아.

우리가 하늘의 별들을 바라보면, 반짝이는 점들이 빚어내는 혼돈을 목격할 수 있어. 그런데도 역사가 흐르는 동안, 많은 사람들은 이 별들이 지구에 사는 우리 인생에 대해 무언가를 설명하고 있다고 믿었어. 요즘도 중대한 결정을 내리기 전에 점성술사에게 조언을 구하는 정치가들이 있다고 하잖니.

델포이의 신탁

그리스인들은 가장 유명한 델포이의 신탁이 사람의 운명을 밝혀줄 거라고 믿었어. 델포이에서는 아폴론 신이 신탁을 내리는데 그는 갈라진 땅 위에 놓인 의자에 앉은 여사제 피티아의 입을 통해 말했어. 갈라진 땅 틈으로 정신을 마비시키는 연기가 피어오르고, 이 연기에 여사제 피티아의 정신이 몽롱해져. 이렇게 해서 여사제 피티아가 아폴론 신의 말을 전할 수 있게 된 거야.

델포이를 찾는 사람은 사제들에게 궁금한 걸 말했어. 그러면 사제들은 여사제 피티아를 찾아갔지. 하지만 여사제 피티아의 대답은 이해하기 힘들거나 많은 뜻을 내포하고 있어서 사제들이 그 대답을 '해석'해줘야 했어.

이런 식으로 그리스인들은 아폴론 신의 지혜에 의지했어. 아폴론 신은 과거뿐만 아니라 미래까지 모두 알고 있다고 믿었기 때문이지.

많은 지배자들은 델포이의 신탁을 받기 전엔 절대 전쟁터로 나가거나 다른 중대한 결단을 내리지 않았어. 그래서 아폴론 신의 사제들은 백성과 국가에 대해 특히 해박한 식견으로 조언해주는 외교관이나 고문 역할을 해냈단다.

델포이 신전 입구에는 유명한 말이 새겨져 있었어.

너 자신을 알라!

이 말은 인간들은 결코 인간 이상일 수 없으며 누구도 자신의 운명에서 벗어날 수 없다는 말이야. 그리스인들 사이에서는 원치 않게 자신의 운명에 덜미를 잡힌 사람들의 이야기가 많이 전해 내려왔어. 시간이 흐르면서 이 비극적 인물들을 다룬 일련의 공연극인 '비극'이 나왔지. 가장 잘 알려진 예가 오이디푸스 왕 이야기야. 그는 자신의 운명을 피하려 했지만, 운명을 피하려 한 모든 행위로 인해 도리어 스스로 저주받은 운명에 떨어졌지.

역사학과 의학

초기 그리스인들은 몇몇 사람의 인생뿐만 아니라, 역사도 운명의 지배를 받는다고 생각했어. 전쟁의 결과도 신들이 어떻게 개입하느냐에 따라 결정된다고 믿었지. 오늘날에도 많은 사람들은 신이나 어떤 신비한 힘이 역사적 사건들을 조종한다고 생각해.

그러나 그리스 철학자들이 자연의 진행 과정에 대한 자연스러운 설명을 찾는 동안, 초기 역사가들은 역사의 진행 과정에 대해 자연스러운 설명을 찾기 시작했어. 다시 말해 한 국가가 전쟁에서 패한 경우, 그 원인을 신들의 복수욕으로 돌릴 수는 없게 되었다는 말이지. 그리스에서 제일 이름을 떨친 역사가는 헤로도토스(기원전 484년~기원전 424년)와 투키디데스(기원전 460년~기원전 400년)야.

초기 그리스인들은 질병 문제는 신들이 주관한다고 생각했어. 그래서 종종 전염병을 신이 내린 벌이라고 여겼지. 반대로 신에게 마땅한 제물을 바치면 신이 인간을 건강하게 해준다고 믿었고.

이것은 절대 그리스에서만 찾아볼 수 있는 사고방식은 아니야. 근대에 이르러 현대 의학이 생겨나기 전에는 모든 질병엔 초자연적 원인이 있다는 의견이 지배적이었어. 오늘날 우리가 사용하는 '인플루엔자(In-fluenza)'라는 단어는 원래 별에게서 불길한 '영향(influence)'을 받고 있는 사람을 뜻했지.

요즘도 많은 사람들은 전 세계에 퍼져 있는 여러 질병을 신들이 내린 벌이라고 생각해. 그 예가 바로 에이즈(AIDS)란 병이야. 그 밖에도 병든 사람이 '초자연적' 치료법으로 나을 수 있다고 믿는 사람도 많아.

그리스 철학자들이 아주 새로운 관점에서 사고를 발전시켜나가는 동안, 건강과 질병에 관해 자연적으로 설명하려는 그리스 의학이 생겨났어. 이 그리스 의학의 토대를 세운 사람은 기원전 460년경 코스 섬에서 태어난 히포크라테스야.

히포크라테스의 전통적 의술에 따르면, 절제와 건전한 품행이 질병을 예방하는 가장 좋은 방법이야. 절제하는 생활과 건전한 품행이 인간을 건강하게 한다는 거야. 병이 나는 것은 신체적·정신적 균형이 깨져 자연이 본 궤도에서 '벗어났기' 때문인 거고. 인간이 건강해지는 길은 바로 절제와 조화 그리고 '건강한 신체 속에 깃든 건전한 정신'에 있다고 했어.

오늘날에도 '의료 윤리'라는 것이 있지. 이는 의사들이 정해진 윤리 규정에 따라 의료 행위를 해야 한다는 뜻이야. 예를 들면 의사는 건강한 사람에게 마약이 든 약을 처방해선 안되고, 또 환자가 자기 병에 대해 말한 모든 내용을 비밀로 해야 할 의무가 있어. 이런 발상들 역시 히포크라테스에게서 비롯되었어. 그는 자기 제자들에게 서약을 받았단다. 그게 바로 우리가 알고 있는 히포크라테스 선서야.

나는 의신(醫神)인 아폴론 신과 아스클레피오스 신, 히기에이아 신, 파나케이아 신, 그리고 모든 신들을 증인으로 모시고, 내 최선의 능력과 판단에 따라 이 맹세를 지키고 의무를 다할 것을 서약합니다. 이 의술을 내게 가르쳐주신 스승님을 부모님과 같이 존경하며, 그분이 궁핍할 때 나의 것을 나누며, 그분의 자식들을 내 형제와 똑같이 돌볼 것이며, 이들이 배움을 원하면, 대가와 계약 없이 의술을 가르칠 것입니다. 내 자식과 스승님의 후손에게 충고와 강의 그리고 그 밖의 가르침을 전수하겠습니다. 그 외에는 단지 의사의 관습에 따라 계약을 맺거나 서약한 학생들에게 의술을 가르치겠습니다. 나는 내 최선의 능력과 판단에 따라 환자를 이롭게 하기 위해 처방할 것이며, 환자에게 해가 되는 부당한 일은 하지 않겠습니다. 나는 아무에게도, 비록 환자가 요구하더라도 치명적인 독약을 절대로 주지 않을 것이며, 그와 관계된 조언도 일절 하지 않겠습니다. 또 임산부에게 유산할 약을 주지 않겠습니다. 나는 환자를 치료할 때나, 하지 않을 때나 보고 들은 것을 절대 발설하지 않으며, 비밀로 간직할 것입니다.

토요일 아침, 소피는 눈을 뜨자마자 화들짝 놀랐다. 꿈이었을까? 아니면 정말로 철학 선생님을 본 걸까?

침대 아래쪽을 손으로 더듬어보았다. 간밤에 온 그 편지가 있다. 운명을 믿는 그리스인들에 대해 읽은 것이 생각났다. 그렇다면 그것은 분명 꿈이 아니다.

소피가 정말 그 철학 선생님을 본 것이다! 그 철학 선생님이 소피가 쓴 편지를 가져가는 모습을 두 눈으로 직접 본 것이다.

소피는 몸을 일으켜 침대 아래를 살펴 여러 장의 편지를 꺼냈다. 그런데 저건 뭐지? 벽 뒤에 뭔가 빨간 것이 있다. 스카프인가?

소피는 침대 아래로 기어 들어가 그 빨간 실크 스카프를 꺼냈다. 한 번도 본 적이 없는 것이었다.

이 실크 스카프를 자세히 살펴보다가 소피는 숨이 턱 막혔다. 스카프한 귀퉁이에 '힐데'라는 이름이 보였기 때문이다.

힐데라니! 도대체 힐데가 누굴까? 어떻게 이런 식으로 힐데와 소피가 계속 얽힐 수 있지?

소크라테스

…… 가장 현명한 사람은 자신이 아무것도 모른다는 사실을 아는 사람이다 ……

소피는 여름 원피스를 입고 아래층 부엌으로 내려갔다. 엄마는 싱크대 위로 허리를 굽히고 있었다. 소피는 실크 스카프에 대해 한마디도 안 할 작정이다.

"엄마, 신문 가져오셨어요?"

소피 입에서 이 말이 저절로 흘러나왔다.

엄마가 소피에게로 몸을 돌렸다.

"착하지, 네가 좀 가져올래?"

소피는 자갈길을 뛰어가 초록빛 우편함 쪽으로 몸을 굽혔다.

신문뿐이다. 소피 편지의 답장인, 소인이 찍히지 않은 편지는 없었다. 소피는 신문 제1면에서 레바논 주둔 노르웨이 유엔 평화 유지군에 관한 기사를 몇 줄 읽었다.

유엔 평화 유지군이 힐데 아빠의 카드에 소인을 찍은 건 아닐까? 하지만 우표는 노르웨이 것이었는데. 그럼 아마 유엔의 노르웨이 군인이 자기가 따로 노르웨이의 우표를 갖고 있었을 것이다.

소피가 다시 부엌으로 들어서자, 소피 엄마는 놀리듯 말했다.

"네가 갑자기 신문에 웬 관심이니?"

다행스럽게도 아침 식사 이후에는 엄마도 더 이상 우편함에 관해 언급하지 않았다. 엄마가 장을 보러 나가자, 소피는 그 운명론에 대한 편지를 갖고 동굴 안으로 달려갔다.

철학 선생님의 편지가 담긴 과자 통 옆에서 작은 흰 편지봉투를 발견한 순간, 소피의 가슴은 두근거렸다. 소피는 누가 이 편지를 여기에 놓아두었는지 아주 분명하게 알 수 있었다.

이 편지도 네 귀퉁이가 젖어 있었다. 또 어제 받은 흰 봉투처럼 두 개의 눌린 자국이 있다.

철학 선생님이 여기를 다녀갔을까? 소피의 비밀 장소를 알고 있단 말인가? 그런데 왜 이 편지봉투들이 젖었을까?

이 모든 의문들로 소피는 어찔어찔 정신을 차릴 수가 없었다. 곧 편지봉투를 뜯고 편지를 읽어 내려갔다.

안녕, 소피야! 상당히 흥미롭게 그리고 아주 걱정하며 네 편지를 읽었단다. 커피를 대접하겠다고 한 너를 실망시킬 수밖에 없어서야. 언젠가 우린 만나게 될 테니까 난 한동안 선장의 꼬부랑길엔 얼씬거리지 말아야겠어.

그리고 앞으론 내가 직접 편지를 갖다놓을 수 없겠어. 이제는 내 작은 심부름꾼이 정원에 있는 네 비밀 장소로 편지를 배달할 거야.

네가 필요하다고 생각하면 언제든 나와 연락할 수 있어. 그럴 때는 분홍색 편지봉투에다 달콤한 과자나 각설탕 한 조각을 넣어두렴. 내 심부름꾼이 그 편지를 발견하면 내게 가져다줄 거야.

추신 1 : 아가씨의 초대를 거절하게 된 건 안타까운 일이지만 때론 즐겁지 않은 일을 해야만 할 때도 있지.

추신 2 : 빨간 실크 스카프를 발견하거든 잘 보관해줘. 종종 물건이 서로 바뀔 때도 있거든. 특히 학교 같은 장소에서 말이야. 지금 이곳도 철학 학교라고 할 수 있지. 그럼 안녕!

— 알베르토 크녹스

소피는 열네 살이 되기까지 크리스마스나 생일에 여러 번 편지를 받아봤지만 이 편지는 소피가 여태까지 받은 것 중에서 제일 이상하다.

이 편지엔 우표가 없고 우편함에 꽂혀 있지도 않았고, 소피에게 가장 비밀스러운 은신처인 옛 덩굴 울타리 뒤에 있는 동굴 안에 놓여 있었다. 더 이상한 것은 비가 오지 않은 봄 날씨에도 편지가 약간 젖어 있다는 점이다.

하지만 역시 가장 특이한 것은 실크 스카프다. 선생님껜 학생이 한 명 더 있고 그 다른 여학생이 빨간 실크 스카프를 잃어버린 걸 테지. 그래, 좋아! 그런데 어떻게 그 스카프를 소피의 침대 아래에서 잃어버린 걸까?

그리고 알베르토 크녹스라니……. 뭔가 좀 웃긴 이름이네!

아무튼 이 편지는 철학 선생님과 힐데 묄레르 크나그란 인물 사이에 어떤 관계가 있다는 사실을 증명해주었다. 그런데 힐데의 아빠도 주소를 착각하기 시작했다니! 소피로선 영 이해가 되지 않았다.

소피는 한참을 앉아서 자기가 힐데라는 아이와 어떤 관계가 있는지 스스로에게 물어보았다. 하지만 결국 포기한 채 한숨만 지었다. 철학 선생님은 언젠가 우리가 만나게 될 것이라고 편지에 썼다. 그럼 힐데도 그때 알게 될까?

소피는 편지를 뒤집어보았다.

소피는 편지 뒷면에서 몇 개의 문장을 더 발견했다.

본능적인 수치심이 있을까?

가장 현명한 사람은 자신이 아무것도 모른다는 사실을 아는 사람이다.

올바른 인식은 자기 안에서 비롯된다.

무엇이 옳은지 아는 사람은 옳은 일을 하게 될 것이다.

이 글을 읽으면서 흰 봉투에 든 이 짤막한 네 문장이 다음 편지의 준비 단계임을 깨달았다. 그러자 언뜻 이런 생각이 떠올랐다. 그 '심부름꾼'이 큰 갈색 봉투를 이 동굴로 가져올 테니까, 여기에서 그 심부름꾼을 기다리면 되겠다고 생각했다. 그 심부름꾼은 여자일까? 어쨌든 그 심부름꾼을 할퀴어서라도 선생님에 관한 얘기를 듣고야 말겠어! 그리고 편지엔 그 심부름꾼이 작다고 했지. 혹시 어린아이일까?

'본능적인 수치심이 있을까?'

소피가 아는 바로는 '수치심'이란 수줍음을 표현하는 진부한 단어다. 예를 들면 남에게 알몸을 보이는 것을 부끄러워하는 것처럼. 그러나 이것에 대해 수줍음을 느끼는 것이 과연 자연스러운 것일까? 본능이라는 것은 그것이 모든 사람에게 들어맞는다는 것을 뜻한다. 그러나 어떤 나라에서는 자연스럽게 벌거벗고 살기도 하지 않는가?

따라서 어떤 행동을 해도 좋으냐 아니냐는 그 사회가 결정하는 것이 분명하다. 예를 들면, 할머니가 젊었을 때 옷을 다 벗고 일광욕을 하는 일은 상상조차 할 수 없었지만 요즘은 많은 사람들이 이를 '자연스럽게' 생각한다. 아직 강하게 금지하는 나라들도 있지만. 소피는 머리를 긁적였다. 그런 것이 철학일까?

그리고 '가장 현명한 사람은 자신이 모른다는 사실을 아는 사람이다.'라는 다음 문장이 눈에 들어왔다.

무엇 가운데서 가장 현명하단 말일까? 하늘과 땅 사이의 모든 것을 다 알지는 못한다고 깨닫는 사람이, 조금 알면서도 대단히 많이 알고 있다고 생각하는 사람보다 현명하단 말인가? 그런 거라면 이해하는 것이 그렇게 어렵지는 않다. 소피는 여태껏 그런 문제에 대해 진지하게 생각해 본 적이 없었다. 그러나 깊이 생각할수록 자신의 무지를 아는 것 역시 근본적으로는 하나의 앎이라는 생각이 더욱 또렷해졌다. 어쨌든 소피는 자기가 잘 모르는 것에 대해 확실하게 안다고 말하는 사람이 가장 바보 같다고 생각했다.

다음 문장에서 '올바른 인식은 안에서 비롯된다'고 했는데, 모든 인식은 어떤 시점에 밖에서부터 사람의 머릿속으로 들어오는 것이 아닌가? 하지만 반대로 잘 생각해보면 소피가 전혀 받아들일 준비가 되어 있지 않은 상태에서 선생님이나 엄마가 소피에게 어떤 지식을 주입하려고 애를 쓰던 경우가 있었다. 무언가를 배울 때는 소피도 어떻게든 배우기 위해 노력했다. 또 소피가 어떤 것을 갑자기 깨닫고 이해하게 된 경우도 있었다. 아마도 그건 사람들이 '직관'이라고 부르는 거겠지.

여하튼 소피는 처음 세 질문의 과제를 꽤 잘 풀어냈다고 생각했다. 하지만 헛웃음이 나올 정도로 이상한 다음 질문이 문제다. '무엇이 옳은지 아는 사람은 옳은 일을 하게 될 것이다.'

그럼 은행 강도는 은행을 터는 짓이 나쁜지 몰라서 그런 짓을 한단 말인가? 소피는 그렇지 않다고 생각했다. 어린이뿐만 아니라 어른들도 뻔히 나쁜 짓임을 잘 알면서도 나중에 후회하게 될 멍청한 짓을 저지를 수 있다고 확신했다.

소피가 아직 그 자리에 주저앉아 있는 사이, 갑자기 숲과 맞닿은 덤불 울타리 한쪽에서 마른 나뭇가지가 부러지는 소리가 들렸다. 그 심부름꾼인가? 소피는 다시 심장이 쿵쾅거리는 걸 느꼈다. 무언가 점점 다가오는 발자국 소리와 함께 마치 동물처럼 가쁘게 헐떡이는 숨소리가 소피를 점점 불안하게 했다.

바로 그때, 큰 개 한 마리가 숲에서 동굴 안으로 뛰어들어 왔다. 래브라도레트리버 종류였다. 입에 물고 있던 큰 갈색 봉투를 소피의 발 앞에 떨어뜨렸다. 이 모든 일이 순식간에 일어났기 때문에 소피는 꼼짝도 할 수 없었다. 잠시 후에 소피는 그 편지를 집어 들었고 그러는 사이 그 누렁이 개는 다시 숲 속으로 모습을 감추었다. 소동이 지나간 뒤에야 소피는 큰 충격을 느꼈다. 잠시 망연자실해 있다가 울기 시작했다.

얼마나 그러고 있었는지 모르겠지만, 잠시 후 소피는 위를 쳐다보았다.

그가 말한 심부름꾼이 개였다니! 소피는 깊게 숨을 들이쉬었다. 그래서 흰 봉투 가장자리가 늘 젖어 있었구나! 그 깊게 눌린 자국도 그래서……. 정말 소피가 상상도 못 한 일이다. 그리고 이제 소피가 철학자에게 편지를 보낼 때 왜 편지봉투 안에 과자나 각설탕 한 조각을 넣어두라고 했는지 그 정확한 이유를 알 수 있었다.

소피는 항상 생각이 뜻대로 빨리 따라주지 않았다. 그렇지만 그 심부름꾼이 훈련받은 개라는 것은 꽤 특이했다. 소피는 이제 그 심부름꾼을 위협해 알베르토 크녹스 철학 선생님이 있는 곳을 알아내려던 계획은 단념할 수밖에 없었다.

소피는 봉투를 열고 편지를 읽기 시작했다.

아테네 철학

사랑하는 소피야! 오늘 이 편지를 읽을 때쯤이면, 벌써 헤르메스를 알게 되었겠지! 확실하게 짚어주자면 헤르메스는 그 개의 이름이야. 그렇다고 네가 걱정할 일은 없을 거야. 그 개는 아주 귀엽고 사람보다 더 똑똑하단다. 그리고 적어도 헤르메스는 실제보다 더 영리하게 보이려고 애쓰지도 않아.

너도 알아챘겠지만, 그 개를 헤르메스라고 부르게 된 것은 우연이 아니란다. 헤르메스는 원래 그리스 신들의 전령이며 항해사들의 수호신이기도 해. 이 문제는 지금 우리에게는 별로 상관없지만 말이야. 더 중요한 것은, 헤르메스라는 말에서 '애매모호한(hermetic)'이란 단어가 파생했다는 거야. 그리고 이 단어에는 '숨겨진' 혹은 '도달할 수 없는'이라는 뜻도 있어. 어떤 면에서 헤르메스가 우리를 서로 숨겨주니까, 나는 이 말이 그 심부름꾼에게 적절하다고 생각해.

물론 헤르메스는 자기 이름을 알아듣고 아주 잘 훈련받은 개야.

그럼 심부름꾼 소개는 이 정도로 끝내고 이제 우리 철학 얘기로 돌아가자. 이제 첫 단락은 끝났어. 바로 신화적 세계상으로부터 진정한 단절을 시도한 자연철학에 관한 단락이었지. 이제부터는 위대한 고대 철학자 세 사람을 사귀어보자. 이들의 이름은 소크라테스, 플라톤, 아리스토텔레스야. 이 세 철학자는 각기 나름의 방식대로 유럽 문명을 형성해냈어.

자연철학자들은 대개 소크라테스보다 전에 살다 간 사람들이라 흔히 소크라테스 이전의 철학자라고 표현해. 데모크리토스는 소크라테스보다 몇 년 더 살았지만, 그의 사상은 소크라테스 이전의 자연철학에 속했어. 단순히 생존 연대만 가지고 소크라테스 이후라는 경계선을 긋는 것은 아니야. 소크라테스는 아테네에서 태어난 첫 철학자야. 소크라테스뿐만 아니라 나머지 두 철학자도 아테네에 살았고 그곳에서 자신들의 사상을 펼쳤지. 너도 아직 기억할 거야. 아낙사고라스도 아테네에서 살다가 태양은 단지 불덩어리에 불과하다고 하는 바람에 추방당했다는 얘기 말이야.(소크라테스의 경우도 사정이 더 나은 것은 아니었어.)

아테네는 소크라테스 때부터 그리스 문화의 중심지였어. 하지만 우리가 주목해야 할 중요한 사항은 자연철학자들에서 소크라테스로 옮겨가면서 전체 철학 구상의 본질도 변했다는 사실이야.

소크라테스에 관해 살펴보기 전에, 먼저 그 당시 아테네 도시 풍경을 잘 보여주는 소피스트들에 대해 이야기해보자!

사상의 역사는 여러 막으로 이루어진 연극과 같아. 자, 이제 무대의 막이 오른다!

만물의 중심인 인간

기원전 450년경 아테네는 그리스 문화의 중심지였어. 이제 철학도 새로운 방향으로 나아가게 되었단다.

자연철학자들은 무엇보다도 자연 연구가였어. 그래서 이들은 과학사에서 매우 중요한 위치를 차지하고 있지. 그리고 아테네에서는 인간과 인간의 사회적 위치에 관심을 집중했단다.

아테네에서는 의회와 법원을 설립해 점점 민주주의가 발전하기 시작했어. 그러나 민주주의는 사람들이 민주적 과정에 참여할 수 있도록 충분한 교육을 받아야 한다는 점을 전제하지. 갓 피어난 민주주의에는 민중 계몽이 필요하다는 사실은 오늘날 우리도 잘 알고 있지. 따라서 무엇보다도 아테네인들은 수사학을 잘 구사하는 것이 중요했어.

그때 그리스 식민지 곳곳에서 유랑하던 선생들과 철학자들 한 무리가 아테네를 찾아들었단다. 이들을 바로 소피스트라고 불러. '소피스트'라는 말은 전문 지식을 가진 학자를 뜻하지. 이 소피스트들은 아테네의 시민들을 가르치면서 생활비를 벌었단다.

이 소피스트들은 자연철학자들과 매우 중요한 공통점이 있었어. 이들도 전해져 내려오는 신화에 매우 비판적이었거든. 그러나 그와 동시에 소피스트들은 불필요한 철학적 회의라고 생각되는 것은 모조리 거부했어. 대답할 수 있는 철학적 물음도 많지만, 자연과 우주의 수수께끼에 대해서는 결코 확실한 대답을 얻을 수 없다는 것이 소피스트들의 생각이었단다. 철학에선 이러한 철학적 주장을 회의론이라고 하지.

그러나 우리가 자연의 모든 수수께끼에 대한 답을 찾지 못한다고 하더라도, 우리는 어쨌든 남과 더불어 사는 법을 배워야 하는 인간임을 알고 있지. 그래서 소피스트들은 인간과 그 사회적 위치에 더욱 관심을 쏟았어.

소피스트인 프로타고라스(기원전 485년경~기원전 410년경)는 "인간은 만물의 척도"라고 말했어. 이 말은 옳고 그름, 선과 악을 늘 인간의 욕구와 관련해 평가했다는 뜻이야. 그는 그리스 신들을 믿느냐는 질문에 이렇게 답했어. "신들에 관해 나는 아무것도 단언할 수 없다. 왜냐하면 많은 것들이 존재의 어둠과 삶의 덧없음에 대한 지식을 방해하기 때문이다."라고. 신이 존재하는지 그렇지 않은지 분명하게 말할 수 없다고 주장하는 사람들을 불가지론자(不可知論者)라고 하지.

소피스트들은 여러 곳을 자주 여행하면서 다양한 지배 체제들을 볼 수 있었단다. 여러 도시국가들이 지닌 윤리와 관습, 법은 서로 아주 달랐어. 이러한 시대를 배경으로, 소피스트들은 아테네에서 무엇이 자연적인 것인지, 또 무엇이 사회가 만든 것인지를 놓고 토론을 벌였단다. 도시국가인 아테네에서 바로 이런 방법으로 사회를 비판하는 토대를 마련할 수 있었어.

소피스트들은 '본성적 수치감'이라는 말이 전혀 근거 없음을 입증해 냈어. 수치감이 본성이라면 분명 타고난 것이어야 하지. 소피야, 수치감은 타고나는 것일까? 아니면 사회가 조성한 것일까? 여행을 많이 해본 사람에게라면 대답은 아주 간단해. 즉, 벌거벗은 모습을 드러내는 데 대한 불안은 본성이거나 타고난 것이 아니라고 말이야. 무엇보다도 수치심이나, 반대로 부끄러움을 모르는 것은 사회의 윤리나 관습과 관계가 있지.

유랑하던 소피스트들은 옳고 그름에 대한 절대적인 기준은 없다고 주장함으로써 도시 사회 아테네에 격렬한 논쟁을 불러일으켰단다. 소크라테스는 이런 생각과 반대로 몇몇 규범들은 절대적이며 보편타당하다는 사실을 실제로 입증해 보이려고 노력했지.

소크라테스는 누구인가?

소크라테스(기원전 470년경~기원전 399년)는 전체 철학사에서 가장 불가사의한 인물이라고 말할 수 있어. 그는 단 한 줄의 글도 쓰지 않았지만 유럽 사상에 지대한 영향을 끼친 철학자들 가운데 한 사람이야. 철학에 대해 잘 모르더라도 소크라테스를 알고 있는 사람들은 거의 소크라테스의 죽음에 얽힌 이야기도 알고 있지.

소크라테스가 아테네에서 태어났고 지나가는 사람들과 대화할 수 있는 시장 바닥과 길거리에서 평생을 보냈다는 사실은 잘 알려져 있지. 그는 시골의 들판과 나무는 자신에게 아무것도 가르쳐줄 수 없다고 생각했어. 또 깊은 사색에 빠져 오래도록 한자리에 그냥 서 있기도 했단다.

소크라테스는 살아 있을 때도 수수께끼의 인물로 여겨졌고 죽은 뒤에는 여러 철학 방향을 제시한 창시자로 평가되었지. 그의 사상은 너무 수수께끼 같고 많은 뜻을 함축하고 있었기 때문에, 굉장히 다양한 학파들이 소크라테스 철학의 소유권을 주장하기도 했어.

소크라테스는 아주 못생겼대. 뚱뚱한 체구에다 키가 작았고, 툭 불거진 눈과 들창코를 하고 있었지. 하지만 그의 내면세계는 '완벽하게 훌

룡한' 모습을 보여주었단다. 과거와 현재에도 소크라테스와 유사한 인물은 어디서도 찾아볼 수 없지.

하지만 소크라테스는 그의 철학자로서의 행동 때문에 사형 선고를 받았어.

소크라테스의 생애는 그의 제자이자 역시 철학사상 위대한 철학가로 손꼽히는 플라톤을 통해 우리에게 알려졌단다.

플라톤은 여러 『대화편』(철학적 대화편)을 저술했는데, 여기에 소크라테스를 등장시켰어.

플라톤이 『대화편』에서 소크라테스의 입을 통해 한 말들이 정말 소크라테스가 한 말인지는 명확하게 알 수 없기 때문에 소크라테스와 플라톤의 철학 이론을 구분 짓기란 쉬운 일이 아니야. 이런 문제는 직접 쓴 글을 남기지 않은 다른 역사적 인물들에게서도 볼 수 있어. 가장 잘 알려진 예가 바로 예수에 관한 얘기지. 우리는 사도 마태오나 루카가 전해주는 말을 '역사적 인물로서의 예수'가 직접 한 이야기인지 정확히 알 수는 없어. 그와 마찬가지로 '역사적 인물 소크라테스'가 실제로 무엇을 말했는지도 늘 풀 수 없는 수수께끼로 남겠지.

하지만 '원래' 소크라테스가 어떤 인물이었는지는 그리 중요하지 않아. 중요한 것은, 플라톤이 기록한 소크라테스의 모습이 약 2,400년 전부터 오늘날까지 서양 사상가들에게 영감을 주고 있다는 것이지.

문답법

소크라테스가 보여준 사유의 본래 핵심은, 그가 인간들을 가르치려 하는 것이 아니라 오히려 대화 상대자에게서 배우려는 인상을 준 것이란다. 그는 절대로 학교 선생님처럼 가르치지 않았어. 대화로 이끌어나갔지.

그러나 그가 단순히 다른 사람의 이야기를 듣기만 했으면 유명한 철학자가 될 수 없었겠지? 당연히 사형 선고도 받지 않았을 것이고. 소크라테스는 먼저 질문을 던지고 자신은 마치 아무것도 모른다는 태도를 취했단다. 그러고는 대화를 진행하면서 상대방이 자기 생각의 허점을 깨닫도록 유도했지. 그렇게 그의 대화 상대를 궁지로 몰고 가, 결국 무엇이 옳고 그른지 깨닫게 한 거야.

그의 어머니는 산파였다고 해. 소크라테스는 자신의 문답법을 산파술에 비유했어. 산파 자신이 아기를 낳는 것이 아니라 남의 출산을 돕기만 하는 것처럼 소크라테스의 임무는 사람이 올바른 통찰력을 얻도록 도와주는 것이지. 사람의 인식은 내면세계에서 생기는 것이고 다른 사람에게 이식할 수 없으니까 말이야. 자신의 내면에서 생긴 인식만이 참된 '통찰력'이란다.

자신이 임신을 해야 제 아이를 얻을 수 있듯이, 우리도 자신의 이성을 발휘할 경우에 철학적 진리를 통찰할 수 있어. 사람은 '이성을 통해' 자신의 내면에서 무엇인가를 끌어낼 수 있다는 말이란다.

소크라테스는 스스로 아무것도 모르는 상대방 역할을 하면서 다른 사람들이 자신의 이성을 이용하도록 유도했어. 이때 소크라테스는 아무것도 모르는 척, 혹은 더 어리석은 척 꾸며 댔단다. 이를 '소크라테스의 아이러니'라고 하지. 이런 식으로 소크라테스는 거듭 아테네 사람들의 생각 속에 숨은 허점들을 드러냈어. 그런 일은 대개 사람들로 붐비는 광장 한복판에서 벌어졌지. 그러니까 그런 곳에서 소크라테스를 만난다는 것은 많은 사람들 앞에서 모욕을 당하고 웃음거리가 될 수도 있다는 것을 뜻했어.

이런 사정을 생각해볼 때 소크라테스가 마지막에는 동료 시민들에게, 그리고 무엇보다도 도시의 권력자들에게 성가시고 거슬리는 존재로 여겨졌다는 사실은 조금도 놀라운 일이 아니었지. 소크라테스는 "아테네는 게으른 암말과 같다. 그리고 나는 의식을 깨우기 위해 말의 옆구리를 찌르는 등에와 같다."라고 말한 적이 있었어. (소피야! 등에가 무슨 역할을 하는지 내게 설명할 수 있니?)

신의 목소리

소크라테스가 동시대인들을 괴롭히려고, 그들의 다리를 걸고넘어진 건 아니란다. 소크라테스에게는 다른 선택의 여지가 없었어. 그는 자신의 내면에서 늘 신의 목소리를 듣는다고 말했어. 한 예로 소크라테스는 사형 선고를 반대했지. 반정부 인사를 밀고하라는 명령도 거부했어. 결국 그 대가로 목숨을 잃었지만 말이야.

기원전 399년 소크라테스는 '젊은이를 망치고, 신을 인정하지 않는다.'는 이유로 고소당했단다. 500명의 배심원으로 구성된 법정에서 간신히 절반이 넘는 배심원이 소크라테스에게 유죄 판결을 내렸지.

그래도 그에게는 사면을 청할 수 있는 권리가 있었어. 게다가 아테네를 떠나 망명하겠다는 의사를 표시할 경우에는 생명을 건질 수 있었지. 그러나 그렇게 했다면, 소크라테스가 아니었을 거야. 그는 양심과 진실을 목숨보다 더 귀중하게 생각했지. 소크라테스는 국가를 위해서 행동했노라고 확언했지만 사형 선고를 받았고, 얼마 뒤 절친한 친구들이 지켜보는 앞에서 독배를 마셨단다.

소피야, 왜 그랬을까? 왜 소크라테스는 죽을 수밖에 없었을까? 아직까지도 많은 사람들이 궁금해하지만 역사상 자신의 확고한 신념을 위해 죽음을 감내한 사람이 소크라테스만 있었던 건 아니야. 예수를 언급한 적이 있지? 예수와 소크라테스 사이엔 여러 가지 유사점이 있어. 그 예를 몇 가지만 들지.

두 사람은 모두 동시대인들에게 수수께끼 같은 인물이었어. 자신의 말을 글로 남겨놓지도 않았지. 그래서 우린 이들의 제자들이 전해주는 내용에 전적으로 의존할 수밖에 없어. 하지만 이 두 사람은 문답법의 거장이었단다. 그들은 사람들을 열광시킬 수도 있었고 동요하게 할 수도 있는 명확한 확신을 가지고 이야기했으며, 두 사람 모두 모든 형태의 부정과 권력 남용을 규탄하면서 사회의 권력자들에게 도전하다가 목숨을 잃었지.

예수와 소크라테스의 재판 과정에서도 뚜렷한 유사성을 볼 수 있어. 둘은 사면을 청함으로써 자신들의 생명을 구할 수도 있었지만 최악의 상황까지 가지 않는다면, 그들의 소명을 저버리는 것이라 믿었단다. 결국 머리를 꼿꼿이 세운 채 죽었고, 죽은 뒤에도 숭배와 믿음의 대상이 되었어.

그러나 내가 두 사람의 유사성을 말한 것은 그들이 똑같다고 주장하기 위해서가 아니야. 다만 나는 무엇보다 둘 다 용기 있게 메시지를 전했다는 사실을 얘기하고 싶었단다.

아테네의 조커

아직 소크라테스 이야기는 끝나지 않았어. 이제까지 한 얘기는 그의 철학 방법에 대한 것이었을 뿐이란다. 그럼 그의 철학은 어떤 것이었을까?

소크라테스는 소피스트들과 같은 시대 사람이야. 그도 소피스트들과 마찬가지로 자연철학의 문제가 아니라, 인간과 인간 생활에 더욱 철학적 관심을 기울였어. 몇백 년 후 로마 철학자인 키케로는 "소크라테스는 철학을 하늘에서 땅으로 불러 내려, 각 도시와 집집마다 보금자리를 틀게 하고, 사람들이 인생과 윤리, 선과 악에 관해 깊이 생각하게 했다."라고 말했단다.

그러나 소크라테스는 중요한 점에서 소피스트들과 달랐지. 소크라테스는 자신을 학자나 현인이라고 자처하는 소피스트로 생각하지 않았단다. 소피스트와는 달리 가르치고 돈을 받지 않았으며, 자신을 참된 의미에서의 철학자라고 칭했지. 원래 철학자라는 말인 '필로소포스(Philosophs)'는 '지혜를 사랑하는 사람'을 뜻한단다.

소피야! 똑바로 앉아 있니? 네가 남은 철학 수업에서 철학자와 소피스트의 차이를 이해하는 것이 매우 중요하단다. 소피스트들은 재치 있는 몇 마디 말을 해주고는 돈을 받았지. 그리고 그런 '소피스트들'은 전체 역사에서 계속해서 나타나고 사라졌어. 얕은 지식에 만족하거나, 실제론 아무것도 모르면서 아주 많이 알고 있는 척하는 학교 선생님이나 교만한 사람들이 떠오르는구나. 아직 어리지만 소피도 그런 '소피스트들'을 만난 적이 있겠지. 하지만 소피야, 진정한 철학자는 소피스트와는 전혀 다르단다. 그래, 정확히 정반대라고 볼 수 있지.

철학자는 자신이 근본적으로 아주 조금만 알고 있다는 점을 정확히 인식하고 있단다. 그래서 그는 진정한 인식에 도달하려고 계속 노력하는 거야. 소크라테스가 바로 그런 드문 사람이지. 소크라테스는 자신이 인생과 세계에 대해 아무것도 모르고 있다는 사실을 아주 잘 알고 있었어. 그리고 결정적으로 소크라테스 자신이 너무 조금 알고 있다는 사실이 그를 괴롭혔지.

따라서 철학자란 이해하지 못한 것이 아주 많다는 사실을 깨닫는 사람이란다. 또 그러한 사실이 그 자신을 괴롭히지. 그렇게 보면 철학자는 거짓된 지식을 뽐내는 모든 이들보다는 훨씬 현명해 보여. 아까 "가장 현명한 사람은 자신이 아무것도 모른다는 사실을 아는 사람"이라고 했었지. 소크라테스는 스스로 "내가 알고 있는 단 한 가지는, 내가 아무것도 모르고 있다는 사실이다."라고 말했어. 소피야, 이 말을 잘 적어둬! 왜냐하면 철학자들 사이에서도 이런 고백을 하는 사람은 아주 드물거든. 이 말을 공공연하게 하는 것은 아주 위험해. 목숨을 잃을 수도 있으니 말이야. '질문하는 사람'은 항상 가장 위험한 인물이야. 대답하는 것은 위험하지 않지. 수천 가지 대답보다 질문 하나가 많은 불씨를 안고 있을 수 있어.

소피야, 벌거벗은 임금님 이야기를 알지? 원래 임금님은 벌거숭이였는데, 신하 가운데 아무도 이 사실을 말할 엄두를 내지 못했어. 이때 갑자기 한 아이가 임금님은 벌거숭이라고 외쳤단다. 그 아인 정말 용감한 아이지! 이런 식으로 소크라테스는 사람들이 얼마나 적은 것만을 알고 있는지 용기를 내서 분명히 일깨워주었어. 어린이와 철학자는 서로 닮은 점이 많다고 얘기한 것처럼 말이야.

정확히 말하면, 인류는 적절한 대답을 쉽게 구할 수 없는 수많은 어려운 문제들에 직면해 있어. 이제 우리에겐 두 가지 가능성이 열려 있지. 하나는 우리가 우리 자신과 세상 모든 사람의 눈을 속이고 알 가치가 있는 것을 모두 아는 것처럼 행동하는 거야. 다른 하나는 중요한 문제에는 두 눈을 감고 아예 외면하는 것이지. 이런 방식으로 인류는 두 부류로 나뉘게 되었어. 사람들 대부분은 확신에 사로잡히거나, 아니면 그저 무관심해졌지. (이런 두 부류가 토끼털 깊숙한 곳에서 꿈틀대고 있는 거란다!) 이건 카드놀이와 비슷하단다. 한쪽에 검은색 카드 한 뭉치를 쌓아놓고, 다른 쪽에 빨간색 카드를 쌓아놓는 거야. 때때로 이 카드놀이에서 하트나 클로버, 다이아몬드와 스페이드도 아닌, 조커가 나오게 되지. 소크라테스는 아테네에서 바로 그 조커였어. 그는 확신에 차 있지도 무관심하지도 않았단다. 자신이 아무것도 모른다는 사실을 알고 있었고, 그런 사실이 그를 고통스럽게 했지. 그는 절대 포기하지 않고 쉼 없이 지혜를 얻으려고 노력하는 그런 철학자였단다.

한번은 어떤 사람이 아테네에서 제일 현명한 사람이 누구인지 델포이 신탁에 물었단다. 델포이 신탁은 소크라테스라고 대답했지. 이 신탁을 소크라테스가 전해 듣고 그는 아주 놀랐다고 해. (내 생각엔 그가 웃었을 것 같구나.) 소크라테스는 모든 사람이 현명하다고 여기는 한 사람을 찾아갔어. 그런데 그 사람이 소크라테스의 질문에 분명히 대답하지 못하자, 소크라테스는 결국 델포이 신탁이 옳다는 것을 깨달았지.

소크라테스에게 중요한 것은 우리 인식의 확실한 토대가 무엇인지를 알아내는 것이었어. 그것이 바로 인간의 이성이라고 생각했지. 이렇게 인간의 이성을 강하게 믿은 소크라테스는 명백한 합리주의자였단다.

올바른 인식은 옳은 행동을 유도한다

소피야, 소크라테스는 마음속으로 신의 목소리를 들었다는 얘기를 한 적이 있지? 그리고 이 '양심'의 소리는 소크라테스에게 무엇이 옳고 그른지 말해주었단다. "무엇이 선인지 아는 삶은 선을 행할 것이다." 소크라테스는 올바른 인식은 올바른 행동을 유도한다고 생각했어. 그리고 그는 옳은 일을 행하는 사람만이 올바른 인간이 될 수 있다고 생각했지. 우리가 그릇된 행동을 하는 것은 더 잘 알지 못하기 때문이야. 그래서 우리가 지식의 폭을 넓히는 일은 아주 중요하지. 또 무엇이 옳고 무엇이 그른지, 아주 분명하고 보편타당한 개념 정의를 내리는 것 역시 무척 중요했단다. 소크라테스는 소피스트와는 반대로 옳고 그름을 구별하는 능력은 사회가 아니라 인간 이성에 있다고 믿었어.

아마 이 맨 끝 문장을 이해하기는 쉽지 않겠구나. 다시 한 번 얘기해볼게! 소크라테스는, 자신의 확신에 반대되는 행동을 하는 사람은 절대 행복해질 수 없다고 생각했어. 어떻게 해야 행복해질 수 있는지 아는 사람은 그런 사람이 되려고 노력하겠지. 그러니까 무엇이 옳은지를 아는 사람은 옳은 일을 하게 될 거야. 어느 누구도 불행해지고 싶진 않을 테니까!

소피 넌 어떻게 생각하니? 마음속 깊이 옳지 않다고 여기는 것을 계속하더라도, 행복할 수 있겠니? 많은 사람들은 끊임없이 거짓말하고 도둑질하며 남을 비방하는데, 그들도 그런 짓이 옳지 않음을 잘 알고 있어. 하지만 소피야, 이런 사람들이 행복하겠니? 소크라테스는 전혀 그렇지 않다고 믿었어.

소크라테스 이야기를 읽은 소피는 편지를 얼른 과자 통에 넣고 정원으로 나왔다. 엄마가 어디 있었냐고 다그치는 걸 피하려면 장 보러 간 엄마가 돌아오기 전에 집에 얌전히 있어야 하기 때문이다. 게다가 설거지를 다 해놓겠다고 한 약속을 지켜야 했다.

소피가 막 수도꼭지를 트는 순간, 엄마가 커다란 비닐 봉투 두 개를 들고 들어와서 "소피야, 너 요즘 이상해!"라고 말했다.

소피는 엄마가 왜 그런 말을 하는지도 모르고 불쑥 "소크라테스도 그랬어요!" 했다.

"소크라테스라니?"

엄마의 두 눈이 휘둥그레졌다.

소피는 뭔가 골똘하게 생각하며 말을 이었다.

"그것 때문에 소크라테스가 목숨을 잃은 건 너무 안타까워요!"

"뭐? 소피야, 너 정말 이상해! 무슨 말을 하는지 전혀 모르겠어!"

"소크라테스도 몰랐어요. 소크라테스가 알고 있던 사실은 자신이 아무것도 모른다는 것뿐이었어요. 하지만 그는 아테네에서 제일 현명한 사람이었대요."

이 말에 엄마는 말문이 막혀버렸다. 잠시 후 엄마가 말했다.

"학교에서 배웠니?"

소피는 고개를 힘차게 내저었다.

"학교에서는 배운 게 하나도 없어요……. 학교 선생님과 진짜 철학자 사이에는 큰 차이가 있어요. 학교 선생님은 학생들 머릿속에 많은 지식을 넣어 주려고 애쓰지만 철학자는 학생들과 함께 사물의 근본을 파헤치려고 하지요."

"아하! 또, 그 흰 토끼 얘기구나. 네가 그 남자아이를 좋아하는 이유를 알겠어. 하지만 그 아이 머리가 좀 이상한 거 아니니?"

이때 소피는 개수대에서 엄마 쪽으로 몸을 돌리고 설거지 수세미를 들어 엄마를 가리키며 말했다.

"아니에요. 그 애는 아주 정상이에요. 하지만 마치 다른 사람을 방해하는 등에 같아요. 사람들의 낡고 굳은 생각을 마구 휘저어놓으니까요."

"얘, 이제 그만해! 그 아인 좀 건방진 괴짜인 것 같애."

소피는 다시 개수대로 몸을 돌렸다.

"현명하진 않지만, 건방진 아이도 아니에요. 옳은 지식을 얻으려고 애쓰고 있어요. 그게 바로 카드놀이에서 진짜 조커가 다른 여러 카드들과 가장 다른 점이에요."

"조커라고?"

소피는 고개를 끄덕였다.

"카드놀이에서 하트와 클로버, 그리고 스페이드와 다이아몬드가 여러 장이잖아요? 하지만 조커는 딱 한 장뿐이고요."

"도대체 무슨 말을 하는 거니?"

"그럼 엄마는요?"

소피 엄마는 장 본 물건들을 주섬주섬 치우고는 신문을 집어 들고 거실로 갔다. 그때 엄마가 특별히 문을 꼭 닫았다는 것을 소피는 느낌으로 알 수 있었다.

설거지를 마치고 소피는 자기 방으로 갔다. 선반 위에 올려놓았던 빨간 실크 스카프를 꺼내 그 위에 새긴 이름을 자세히 살펴보았다.

힐데…….

아테네

…… 폐허에서 여러 개의 높은 건축물들이 솟아올랐다 ……

이날 저녁 일찍 소피 엄마는 친구 댁에 놀러 나갔다. 엄마가 나가자마자, 소피는 안뜰을 가로질러 비밀 동굴로 갔다. 동굴 속 큰 과자 통 옆에 두껍고 작은 소포가 있었다. 소피는 바로 포장을 뜯었다. 비디오테이프네!

소피는 다시 집으로 뛰어갔다. 비디오테이프를 보내다니! 뭔가 새로운데? 그런데 철학 선생님은 소피네 집에 비디오가 있는 줄 어떻게 아셨을까? 비디오는 무슨 내용일까?

소피는 테이프를 틀었다. 화면에 큰 도시가 나타났다. 가까이에서 찍은 아크로폴리스가 보였기 때문에 소피는 이 도시가 아테네라는 것을 알 수 있었다. 그런데 저기, 신전의 옛터 주위에서 가벼운 옷차림에 사진기를 목에 건 관광객들이 움직이고 있다. 이들 가운데서 플래카드를 들고 있는 사람이 어렴풋이 보였다. 카메라가 그 플래카드를 클로즈업했다. 아니, 저기 지금 '힐데'라고 쓰여 있는 거 아냐?

잠시 후, 한 중년 신사가 비디오카메라 앞에 모습을 나타냈다. 키가 작고 잘 다듬은 수염에 파란 베레모를 쓰고 있었다. 그는 곧 카메라를 똑바로 보면서 말했다.

"소피야, 아테네에 온 것을 환영해. 네가 이미 짐작했듯이 내가 알베르토 크녹스란다. 그렇게 생각하지 않았더라도 나는 흰 토끼가 계속 우주라는 마술사의 검은 모자에서 꺼내지고 있다는 것을 다시 말해주고 싶어. 우리가 서 있는 곳은 아크로폴리스란다. 이 말은 '성채'나 '언덕 위의 도시'를 뜻하지. 이 언덕 위에는 석기시대부터 사람이 살았단다. 그건 물론 이곳의 특수한 지리와도 관계가 있어. 이 고원지대는 적을 방어하기 쉬웠단다. 아테네가 이 고지대 아래 평지에서 자신들의 영역을 넓혀갈 때, 아크로폴리스는 요새와 신전 터로 이용되었지. 기원전 5세기 초반, 페르시아인들과 끔찍한 전쟁이 있었단다. 기원전 480년에는 페르시아 왕 크세르크세스가 아테네를 약탈하고, 아크로폴리스의 옛 목조 건축물들을 모조리 잿더미로 만들었어. 그러나 아테네인들은 그 이듬해에 페르시아 병사들을 무찌르고 아테네의 황금시대를 열었지.

그리고 아크로폴리스를 다시 지었단다. 그 어느 때보다 더욱 당당하고 아름답게 말이야. 그리고 그때부터 이곳은 순전히 신전만 있는 성역이 되었지. 바로 이 시기에 소크라테스가 거리와 장터를 돌아다니며 아테네 사람들과 대화를 나누었어. 그런 가운데서 그는 아크로폴리스의 재건과 모든 자랑스러운 건물들이 세워지는 것을 지켜봤어. 바로 이곳이 그 건축 현장이었지! 내 등 뒤로 가장 큰 신전이 보이지! 이걸 파르테논 신전 또는 '처녀의 집'이라고 불렀단다. 아테네 수호신인 아테나 여신을 숭배하기 위해 세운 신전이란다. 대리석으로 지은 이 큰 건축물의 윤곽선은 직선이 아니고 조금 휘어져서 더욱 생동감을 주지. 그래서 이 신전은 엄청나게 크지만 둔중한 느낌을 주지는 않는데 이건 착시 때문이야. 약간 안으로 휘어진 사방의 모든 기둥을 곧게 펴 한 점에서 만나게 하면, 1,500미터 높이의 피라미드를 만들 수 있단다. 신전 안에는 12미터 높이의 아테나 여신상이 있었어. 이것은 16킬로미터쯤 떨어진 산에서 가져온 흰 대리석에 여러 가지 선명한 색을 칠한 것이라고 해……."

소피의 가슴이 마구 뛰었다. 철학 선생님이 진짜 비디오로 나에게 말을 하고 있는 것일까? 엊그제 어둠 속에서 본 희미한 그 모습이 지금 아테네의 아크로폴리스에 서 있는 저 사람인 것 같았다.

이제 화면 속의 신사가 신전의 옆면을 따라 걷고, 카메라가 그를 따랐다. 맨 가장자리에 다다르자 그 신사는 아테네의 전경을 가리켰다. 카메라는 아크로폴리스 고원지대 아래에 있는 오래된 극장을 비췄다.

"네가 보고 있는 것이 디오니소스 극장이야."

베레모를 쓴 그 신사는 계속 말을 이었다.

"아마 이것이 유럽에서 제일 오래된 극장일 거야. 소크라테스가 살아 있을 때 이 극장에선 아이스킬로스, 소포클레스, 에우리피데스 같은 위대한 비극 작가들의 작품이 공연되었어. 불행한 오이디푸스 왕을 그린 비극을 말한 적이 있지? 그 비극도 이곳에서 처음 상연되었단다. 물론 희극들도 이 무대에서 상연되었지. 가장 유명한 희극 작가는 아리스토파네스란다. 아리스토파네스는 아테네의 기인 소크라테스를 신랄히 풍자하는 희극을 썼단다. 소피야, 극장 맨 뒤로 배우들이 등장하던 돌로 된 벽이 보이지? 이를 '스케네(Skené)'라고 해. 이 이름이 오늘날 연극의 장면을 의미하는 '신(Scene)'으로 이어졌지. 그리고 극장을 의미하는 '시어

터(theater)'라는 단어는 옛 그리스어의 '보다(theaesthai)'라는 말에서 나왔단다. 이제 다시 철학으로 돌아갈게. 자, 이제 우리는 파르테논 신전을 빙 둘러보고 나서 출입문을 통해 아래로 내려갈 거야……."

이제 키 작은 신사는 큰 파르테논 신전 주위를 돌았다. 그의 오른편으로 작은 몇몇 신전이 보였다. 그는 높은 기둥 사이로 난 계단을 내려왔다. 그가 걸어서 아크로폴리스 고지의 끝자락에 이르렀을 때, 작은 언덕에 올라서서 아테네 시를 가리켰다.

"우리가 서 있는 이 언덕을 아레이오스 파고스라고 부른단다. 이곳에 있던 아테네 최고 법정이 살인죄를 심문했지. 수백 년 후에 사도 바울이 이곳에 서서 아테네 시민들에게 예수와 기독교에 관해 설교했지. 이 이야기는 나중에 다시 할 기회가 있을 거야. 소피야, 저 아래 왼편으로 지금은 폐허가 된 옛 아테네 장터가 있단다. 대장장이의 수호신 헤파이스토스의 장엄한 신전을 제외하곤 대리석 조각들만 남아 있지. 그럼 아래로 내려가 보자……."

다음 순간 그의 모습이 오래된 폐허 가운데에서 다시 나타났다. 소피가 보는 화면 맨 위에는 하늘 위로 치솟을 듯한 거대한 아테나 신전이 아크로폴리스에 자리 잡고 있다. 철학 선생님은 부서진 대리석 조각 위에 걸터앉아, 카메라를 쳐다보며 말했다.

"우리가 앉아 있는 이곳은 옛날 아테네 광장의 가장자리야. 지금은 이렇게 쓸쓸해 보이지만 예전에는 멋진 신전들과 법원, 다른 공공 기관들과 상점, 음악당, 그리고 커다란 체육관도 있었단다. 이런 모든 건물이 이 정사각형 모양의 넓은 광장을 에워싸고 있었지……. 이 조그만 지역이 전 유럽 문명의 토대를 이룬 곳이란다. '정치', '민주주의', '경제', '역사', '생물학', '물리학', '수학', '논리학', '신학', '철학', '윤리학', '심리학', 그리고 '이론'과 '방법', '이념'과 '체계' 등등 그 밖의 많은 용어가 이 광장을 중심으로 생활하던 한 작은 민족에게서 유래했단다. 소크라테스는 이 광장에서 만나는 사람들과 이야기를 나눴어. 올리브유 항아리를 나르던 한 불쌍한 노예의 팔을 잡고 철학 문제를 물었을지도 모르지. 소크라테스는 노예에게도 일반 시민과 똑같은 이성이 있다고 믿었으니까. 또 어느 시인과 열띤 문답을 주고받기도 했겠지. 그리고 젊은 제자 플라톤과 조용히 깊은 대화를 나누기도 했단다. 그런 일을 생각하니 참 이상하구나. 우리가 계속 '소크라테스'나 '플라톤'의 철학을 얘기하고 있지만, 실제 플라톤이나 소크라테스가 되는 것은 아주 다른 문제겠지."

소피도 이런 생각이 좀 이상하다고 느꼈다. 하지만 이상한 것은 그뿐만이 아니었다. 철학 선생님이 갑자기 알 수 없는 개가 정원에 있는 소피의 비밀 장소에 갖다놓은 비디오테이프를 통해서 소피에게 말하는 것도 이상하긴 마찬가지였다.

이제 철학 선생님은 앉아 있던 대리석에서 일어났다. 그러고는 아주 나지막한 목소리로 말을 이었다.

"원래는 이쯤에서 끝맺으려고 했단다. 네게 아테네의 아크로폴리스와 폐허가 된 옛 광장 아고라를 보여주려고 했었지. 그런데 이 주변이 그 옛날 얼마나 번창했었는지 네가 확실히 이해했는지 잘 모르겠구나……. 그래서 내 생각에…… 좀 더 이야기를 해야 할 것 같아. 사실 이건 규칙 위반이지만…… 우리 둘 사이의 비밀이야…… 어쨌든 조금만 더 살펴보면 돼……."

그는 아무 말 없이 오랫동안 묵묵히 제자리에 서서 카메라를 쳐다보

앗고, 곧 아주 다른 영상이 화면에 나타났다. 폐허에서 여러 개의 높은 건축물들이 솟아오르기 시작했다. 마치 마술처럼 폐허가 된 옛 건물들이 다시 세워졌다. 지평선 너머로는 아직 아크로폴리스가 보였지만 시장 근처의 아크로폴리스와 그 아래 평지의 건물들은 아주 새것이다. 건물들은 황금빛을 띠는 화려한 색으로 칠해져 있었다. 사각형의 커다란 광장에는 형형색색의 옷을 걸친 사람들이 산책하고 있다. 몇몇 사람은 칼을 차고 있다. 어떤 이들은 머리에 항아리를 이고 있으며, 파피루스 두루마리를 팔에 건 사람도 있었다.

이제야 소피는 철학 선생님의 모습을 알아볼 수 있었다. 그는 여전히 파란 베레모를 쓰고 있었지만 화면에 비치는 다른 사람들처럼 노란색 긴 겉옷을 입고 있었다. 그는 화면 정면으로 다가와 카메라를 쳐다보며 말했다.

"소피야, 우린 지금 고대 아테네에 있단다. 너도 왔으면 좋았을 텐데…… 내 말 뜻 알겠지? 지금은 기원전 402년이고, 소크라테스가 죽기 3년 전이야. 이 특별한 만남이 소중하다는 걸 네가 알아줬으면 좋겠어. 비디오카메라를 빌리는 문제도 무척 어려웠고……."

소피는 머리가 어지러웠다. 어떻게 그 수수께끼의 철학 선생님이 갑자기 2,400년 전의 아테네에 서 있는 걸까? 어떻게 다른 시대에 찍은 비디오를 지금 볼 수 있는 걸까? 고대에는 비디오가 없었다는 사실을 물론 소피도 알고 있다. 혹시 지금 영화를 보고 있는 것일까? 그러나 그 많은 대리석 건축물들은 모두 진짜처럼 보였다. 그렇다면 아테네의 옛 광장과 아크로폴리스까지 단지 영화 한 편을 위해 전체를 다시 세운 걸까? 아니야, 그럴 리 없지! 이 무대 배경을 만드는 데 아주 많은 비용이 들텐데. 소피 한 사람에게 아테네에 관해 알려 주기 위해서 그 엄청난 비용을 들였겠는가!

베레모를 쓴 철학 선생님이 다시 모습을 드러냈다.

"소피야, 저 뒤 기둥 사이로 난 통로에 두 남자가 보이니?"

소피는 약간 해어진 겉옷을 걸친 노인을 발견했다. 그는 전혀 손질이 안 된 긴 수염과 납작한 코, 움푹 들어간 파란 눈을 하고 있고, 양 볼엔 광대뼈가 툭 불거져 있었다. 그 옆에는 아주 멋진 청년이 서 있었다.

"소크라테스와 그의 젊은 제자 플라톤이란다. 누군지 알겠니, 소피야? 이제 직접 이야기를 나눠보렴!"

그러고 나서 철학 선생님은 높은 천장 밑에 서 있는 두 남자에게 다가가 베레모를 벗고, 소피가 알아들을 수 없는 말을 몇 마디 건넸다. 그리스 말임이 분명하다. 잠시 후 그는 다시 카메라를 보고 말했다.

"내가 저분들에게 한 노르웨이 소녀가 소크라테스 선생님과 그 제자분을 만나보고 싶어 한다고 말했어. 이제 플라톤이 직접 네가 생각해봐야 할 몇 가지 질문을 할 거야. 하지만 경비병들에게 들키지 않도록 서둘러야 해."

그 젊은이가 앞으로 나와 카메라를 바라보자, 소피는 관자놀이가 죄는 듯이 긴장되었다.

"소피 양, 아테네에 온 것을 환영합니다."

목소리가 아주 부드럽다. 그는 엉터리 노르웨이 말로 떠듬떠듬 말을 이었다.

"내 이름은 플라톤입니다. 소피 양에게 네 가지 과제를 제시하죠. 제일 먼저, 빵 굽는 사람이 혼자서 빵 50개를 어떻게 똑같이 구울 수 있는지 생각해보세요. 그다음은, 어떻게 모든 말[馬]들이 똑같이 생겼는지 생각해보세요. 그리고 인간에겐 불멸의 영혼이 있다고 믿는지 생각해보세요. 끝으로 여자와 남자가 똑같이 이성적 인간인지 생각해보세요. 행운을 빕니다!"

바로 화면이 꺼졌다. 비디오테이프를 앞으로 되감거나 또 뒤로 감아 보아도, 지금까지 본 것이 전부였다.

소피는 생각을 가다듬었다. 그런데 질문에 대한 생각이 끝나기도 전에 다른 질문이 떠올랐다.

소피는 처음부터 철학 선생님이 아주 별난 분이란 걸 알고 있었지만, 익숙한 모든 자연법칙을 무시한 수업 방식을 택한 점은 좀 지나치다고 생각했다.

실제의 소크라테스와 플라톤을 본 걸까? 그럴 리가 없다. 그건 불가능한 일이다. 그러나 그 비디오는 만화영화가 아니다!

소피는 비디오테이프를 꺼내 제 방으로 뛰어갔다. 벽장 맨 위 칸, 레고 조각들 옆에다 비디오테이프를 밀어 넣고 나서, 아주 기진맥진해 자리에 누워 잠이 들었다.

몇 시간 후 엄마가 들어와 소피를 흔들어 깨우며 말했다.

"소피야? 어딜 다녀온 거니."

"음……"

"옷을 입은 채 침대에 누워 있잖아!"

소피는 졸음에 겨워 "아테네에 갔었어요."라고 웅얼거리다가 더 이상 말없이 몸을 돌려 눕고는 다시 잠들어버렸다.

플라톤

...... 영혼의 고향을 향한 동경 ......

다음 날 아침, 소피는 눈을 번쩍 떴다. 새벽 5시가 막 지났을까……. 또렷한 정신으로 침대에서 일어났다.

왜 옷을 입고 잤지? 이제야 모든 일이 떠올랐다. 소피는 의자 위에 올라서서 벽장 맨 위 칸을 살펴보았다. 비디오테이프가 거기에 있다. 꿈을 꾼 것은 아니다. 적어도 모든 것이 꿈은 아니다.

그러면 소피가 비디오에서 본 사람이 정말 플라톤과 소크라테스일까? 아, 차라리 그 일에 대해서는 더 이상 생각하고 싶지 않다. 엄마 말씀이 옳은지도 모른다. 요즘 소피는 정말 소피답지 않다.

다시 잠이 오지 않는다. 혹시 그사이 헤르메스가 새 편지를 갖다놓았는지 동굴을 한번 살펴볼까?

소피는 살금살금 2층에서 내려와 운동화를 신고 밖으로 나갔다.

정원은 맑고 조용했다. 새들이 힘 있게 지저귀는 바람에 소피는 웃지 않을 수 없었다. 아침 이슬은 작은 수정처럼 풀잎에 맺혀 아롱거린다. 소피에겐 이 세계가 믿을 수 없을 만큼 놀랍게 느껴졌다.

덤불숲도 약간 축축하게 젖어 있다. 철학 선생님의 새 편지는 없었다. 소피는 큰 나무 밑동의 물기를 잘 닦고 그 위에 주저앉았다.

비디오에서 본 철학자 플라톤이 내준 과제들이 떠올랐다. 첫째 과제는 빵 굽는 사람이 어떻게 과자 50개를 똑같이 구울 수 있는가 하는 질문이었다. 소피는 곰곰이 생각해보았다. 이 질문이 소피에겐 너무 풀기 힘든 숙제라는 생각이 들었다. 소피 엄마는 이따금 건포도를 넣은 크링글(페이스트리 종류의 덴마크 빵)을 구웠는데, 늘 똑같은 빵 두 개를 만들어내진 못했다. 엄마가 전문 제빵사도 아니니 빵들이 아주 다를 수밖에. 하지만 빵 가게에서 사는 케이크도 아주 똑같은 것은 없었다. 각각의 케이크들은 제빵사의 손에서 모두 새롭게 만들어진다.

소피 얼굴 위로 갑자기 묘한 웃음이 번졌다. 엄마가 크리스마스 과자를 굽는 동안, 아빠랑 시내에 간 기억이 떠올랐기 때문이다. 아빠와 소피가 집에 돌아왔을 때, 부엌 식탁이 온통 사람 모양의 작은 과자들로 뒤덮여 있었다. 물론 과자들이 전부 다 똑같지는 않았지만, 형체는 비슷했다. 어떻게 그럴 수 있었을까? 물론 그 이유는 엄마가 이 과자들을 한 가지 틀을 이용해 찍어냈기 때문이다.

소피는 이 과자의 기억을 떠올려 첫 번째 과제를 해결해서 무척 흡족했다. 즉 빵 굽는 사람이 똑같은 과자 50개를 만들려면 하나의 틀을 사용하면 된다! 그래, 그거야!

비디오 속에 있는 플라톤은 카메라를 보며 그다음 질문으로, 왜 말들이 모두 똑같은지 물었다. 하지만 이 질문은 잘못된 질문이다. 소피는 정반대로 같은 말은 없다고 말하고 싶었다. 이는 사람도 똑같은 사람은 없다는 것과 같다.

소피는 이 과제를 거의 포기할 뻔했다. 그런데 크리스마스 과자가 또 생각났다. 그 많은 과자 가운데 똑같은 것은 하나도 없었다. 다른 과자보다 두꺼운 것이 있고 부스러진 것도 있었다. 그런데 분명한 것은 그 과자들은 어떤 점에서는 '똑같다'는 사실이다.

아마 플라톤은 왜 말이 항상 말일 수 있는지, 예를 들면 왜 말과 돼지의 잡종이 아닌지 묻고 싶었을지도 모른다. 왜냐하면 어떤 말은 곰처럼 갈색을 띠고, 또 어떤 말은 양처럼 희지만, 모든 말에는 공통점이 하나 있다. 지금껏 소피는 발이 여섯 개거나 여덟 개인 말을 본 적이 없다. 그렇지만 플라톤도, 말이 똑같은 틀에서 만들어져 전부 똑같다고 생각하는 것은 아닐 텐데?

세 번째로 그는 한층 더 어려운 문제를 냈다. 인간에겐 불멸의 영혼이 있을까? 소피는 자신이 이런 질문에 대답할 수 없다고 느꼈다. 소피는 사람이 죽으면 사람의 육체는 화장되거나 매장되며, 그 이상의 미래는 없다고 알고 있다. 만약 사람에게 불멸의 영혼이 있다면, 사람은 서로 다른 두 부분으로 이루어져 있음이 틀림없다. 즉 수십 년 살다 죽고 마는 육체와, 육체에서 일어나는 여러 과정으로부터 어느 정도 독립적으로 활동하는 영혼이란 두 부분으로 말이다. 한번은 소피 할머니가 마음은 늘 어린 소녀 같은데 몸만 늙어간다고 한 적이 있다.

'어린 소녀'라고 하시던 할머니 말씀을 마지막 질문과 연결지어 생각해보았다. 여자와 남자는 똑같이 이성적일까? 이 질문은 소피에게 잘 와 닿지 않았다. 플라톤이 말하는 '이성적'이라는 게 무엇을 의미하는지 알아야 할 문제다.

이때 철학 선생님이 소크라테스에 관해 한 말이 갑자기 떠올랐다. 소크라테스는 모든 인간은 자신의 이성만을 이용할 때 철학적 진리를 통찰할 수 있다고 설명했다. 게다가 노예도 귀족처럼 똑같은 이성으로 철학 문제를 풀 수 있다고 믿었다. 그렇다면 소크라테스는 여자와 남자가 똑같이 이성적이라고 말했을 것이라는 확신이 들었다.

소피가 이런 생각에 빠져 있을 때, 갑자기 덤불숲에서 부스럭거리는 소리가 들렸다. 마치 증기기관차처럼 씩씩거리는 소리였다. 그 순간 누런 개 한 마리가 동굴 안으로 들어왔다. 입에 큰 봉투를 물고 있었다.

"헤르메스구나! 고마워."

헤르메스는 봉투를 소피 앞에 떨어뜨렸다. 소피는 손을 내밀어 개의 목 언저리를 쓰다듬으며 말했다.

"헤르메스, 넌 아주 착한 개구나!"

납작 엎드리는 걸 보니 소피가 쓰다듬어주는 게 무척 좋은가 보다. 하지만 몇 분 뒤 헤르메스는 다시 일어나, 덤불을 통과해서 왔던 길로 되돌아갔다.

소피는 봉투를 꼭 쥐고 헤르메스를 쫓기 시작했다. 기어서 좁은 울타리를 지나자 곧 정원 밖으로 나오게 되었다.

헤르메스는 숲 가장자리로 뛰어갔고 소피는 몇 미터 뒤처져서 따라갔다. 헤르메스는 두어 번 몸을 돌려 으르렁거렸지만 소피는 전혀 놀라지 않았다. 지금 그녀는 아테네까지라도 달려가서 철학 선생님을 꼭 찾아내고 싶었다.

헤르메스는 더욱 빨리 내달려 곧 숲 속 작은 오솔길에 다다랐다.

소피는 질세라 더욱 속력을 냈지만 잠시 후 헤르메스가 몸을 휙 돌려 소피를 향해 경비견처럼 마구 짖어댔다. 소피는 멍하니 있지 않고 그 틈에 헤르메스에게 더욱 다가섰다.

헤르메스는 계속 소피를 위협했다. 결국 소피는 따라잡기를 포기하고 오랫동안 멍하니 제자리에 서서 헤르메스가 사라지는 것을 지켜봤다. 사방이 조용해졌다.

숲 속의 작은 빈터에 이르러 소피는 그루터기에 걸터앉았다. 소피의 손에는 큰 갈색 봉투가 들려 있었다. 봉투를 뜯고, 글씨가 꽉꽉 채워진 편지 여러 장을 꺼내 읽기 시작했다.

플라톤의 아카데미아

소피야, 반가웠어! 물론 아테네에서 말이야. 드디어 나를 소개했구나! 이미 네게 플라톤도 소개했으니, 곧바로 이야기를 시작할게.

소크라테스가 독배를 마실 때, 플라톤(기원전 427년~기원전 347년)은 스물아홉 살이었어. 소크라테스의 오랜 제자 플라톤은 스승 소크라테스가 심문을 받는 과정을 하나도 빼놓지 않고 지켜보았어. 아테네가 이 도시의 가장 고결한 현인에게 내린 사형 선고는 플라톤에게 지울 수 없는 강한 인상을 남겼을 뿐만 아니라, 그의 철학적 탐구 방향 전체를 규정하는 계기가 되었단다.

소크라테스의 죽음은 플라톤에게 사회 속의 현실적 관계와 진리나 이상 사이에 어떤 모순이 있는지 플라톤에게 보여주었지.

철학자인 플라톤이 제일 먼저 한 일은 스승 소크라테스의 법정 진술을 기록해서 『변론』이라는 책을 만드는 것이었어. 이 책에는 소크라테스가 대법정에서 연설한 내용이 실려 있지.

소피 너도 알다시피 소크라테스는 글을 단 한 줄도 남기지 않았어. 그리고 소크라테스 이전의 많은 철학자들의 저서는 대부분 후세까지 전해지지 않았지. 반면 플라톤의 주요 저서는 고스란히 잘 보전되고 있어. (플라톤은 『(소크라테스의) 변론』 외에도 편지 모음, 그리고 35편 이상의 철학 대화편을 썼단다.) 그 저서들이 보전될 수 있었던 이유는, 무엇보다 플라톤이 아테네에서 직접 철학 학교를 설립했기 때문이야. 이른바 그리스의 전설적 영웅 아카데모스의 이름을 딴 숲 속에서였지. 그래서 플라톤이 세운 철학 학교를 '아카데미아(Akademia)'라고 불렀단다. (플라톤의 아카데미아 이후 전 세계적으로 수천 개의 아카데미아가 생겨났어. 오늘날에도 대학 학과들을 '아카데믹 서브젝트(academic subjects)'라고 부르지.)

플라톤의 아카데미아에서는 철학, 수학, 체육을 가르쳤단다. 이 '가르치다'라는 표현이 아마 정확한 단어는 아닐 것 같아. 이곳에서는 아주 활발하게 대화를 나누는 것이 제일 중요했거든. 따라서 플라톤이 그의 철학론을 기술하면서 '대화' 형식을 취한 것도 전혀 우연이 아니지.

영원한 진리, 영원한 아름다움, 영원한 선

이 철학 수업을 처음 시작할 때 각 철학자의 철학 구상이 무엇이었는지를 먼저 물을 필요가 있다고 말했지. 그래서 나는 이렇게 묻고 싶어.

"플라톤은 무엇을 연구하려 했을까?"

간단히 말하자면 플라톤의 관심은 영원하고 변치 않는 것과, 흘러가는 것 사이의 관계를 규명하는 데 있었단다. (이건 소크라테스 이전의 철학자들도 마찬가지였지!)

앞에서 얘기한 것처럼 소피스트들과 소크라테스는 자연철학이 제기한 철학 문제에 등을 돌리고, 인간과 사회에 관심을 쏟았어. 분명히 맞는 말이지. 그런데 소피스트들과 소크라테스도 그들 나름대로 한편으론 영원하고 변치 않는 것과 다른 한편으로는 '흘러가는' 것들 사이의 관계를 밝히려고 했단다. 인간의 도덕과 사회적 이상이나 미덕에 관해 고민할 때 영원한 것과 변화하는 것의 관계를 물었던 거야. 쉽게 말하면 소피스트들은 옳고 그름을 판단하는 문제는 각 도시국가마다 다르고 또 세대에 따라 변한다고 생각했단다. 따라서 옳고 그름의 문제는 '변하는' 것이라고 보았지. 그러나 소크라테스는 이런 소피스트들의 견해를 받아들이지 않았어. 소크라테스는 사람의 행동에 대한 영원한 규칙이나 규범이 있다고 믿었거든. 그리고 소크라테스의 생각에 따르면, 인간 이성은 영원히 불변하기 때문에 우리의 이성으로 변치 않는 규범을 모두 인식할 수 있다는 것이지.

소피야! 아직 내 이야기를 읽고 있겠지? 그럼 이제 플라톤에 관해 이야기할게. 플라톤은 자연 속에서 영원불변하는 것뿐만 아니라, 도덕과 사회 속에서 영원불변하는 것이 무엇인지에도 관심을 기울였단다. 물론 플라톤에게 이것은 하나이고 같은 것이었다. 플라톤은 영원히 변치 않는 고유한 '현실성'을 파악하려고 노력했단다. 솔직히 말해서 그것을 위해 철학자들이 있는 거지. 따라서 철학자에겐 올해의 최고 미녀나, 연장

영업을 하는 목요일에 가장 값싼 토마토를 고르는 건 중요한 문제가 아니란다. (그래서 철학자가 그다지 사람들에게 사랑을 받지 못하지만 말이야!) 철학자들은 그런 세속적인 일들은 제쳐놓은 채 '영원히 참되고', '영원히 아름다우며', '영원히 선한 것'을 제시하려고 노력한단다.

이제 적어도 플라톤 철학의 구상 범위를 약간 짐작할 수 있겠지. 자, 그럼 지금부터 그것을 하나하나 살펴보도록 하자. 그럼 훗날 유럽 철학에 큰 발자취를 남긴 플라톤의 특이한 사유 과정을 이해하려고 노력하게 될 거야!

이데아의 세계

엠페도클레스와 데모크리토스는 모든 자연현상이 변하기는 하지만 결코 변하지 않는 '무언가'가 네 가지 있다고 말했어. ('네 개의 근원' 또는 '원자'가 그것이지.) 플라톤도 이 문제를 탐구했는데 그 방식은 전혀 달랐어.

플라톤은 우리가 자연에서 만지고 느낄 수 있는 만물은 다 '변한다'고 생각했기 때문에 그에게 결코 분해할 수 없는 원소 따위는 없었어. '감각세계'에 속하는 만물은 시간이 흐르면 소멸하는 '물질'로 이루어져 있지. 그러나 동시에 만물은 영원하고 변치 않는 초시간적 형상으로 이루어져 있단다.

이해되니? 글쎄, 이해가 안 되면…….

소피야, 왜 말(馬)은 모두 똑같을까? 넌 말이 다 똑같다고 생각하지 않을 수도 있어. 하지만 모든 말은 공통점이 있어. 바로 그 공통점이 우리가 말을 인식할 때 전혀 문제없이 말을 알아보도록 하지. 각각의 말들은 물론 '변해'. 시간이 지나면서 늙고 병들고 나중에는 죽게 돼. 그러나 고유한 '말의 형상'만은 영원히 변하지 않아.

플라톤에 따르면 영원하고 변치 않는 것은 어떤 물리적 '원질'이 아니야. 도리어 그것에 따라 모든 현상이 형성되는 정신적이고도 추상적인 밑그림인 것이지.

정확하게 표현하면, 소크라테스 이전의 철학자들은 어떤 것이 실제로 변화한다는 것을 인정하지 않으면서도 자연의 '변화'를 훌륭하게 설명했어. 그들은 자연 순환 속에서 해체되지 않고, 영원불멸하는 가장 작은 소립자가 있다고 생각했단다. 글쎄, 소피야! 내가 글쎄라고 말한 이유는, 이들이 '어떻게' 이 작은 소립자들이 한때는 말을 구성하는 원소였다가 400년이나 500년 후에 갑자기 완전히 새로운 말을, 혹은 코끼리나 악어를 만들어낼 수 있는지에 대해 이해할 근거를 대지 못했기 때문이야! 플라톤이 말하려는 것은 데모크리토스의 원자가 절대 코끼리와 악어를 합친 '악어코끼리' 또는 '코끼리악어'가 될 수는 없다는 것이지. 그리고 바로 이것이 플라톤의 철학적 사유의 단초가 되었어.

이제 이 단락을 이해했으면, 다음 단락으로 넘어가자. 좀 더 확실하게 요점만 얘기할게. 네가 상자에 가득 든, 레고 조각들을 꺼내 말을 조립한다고 가정하자. 나중에 네가 만든 말을 해체해서 그 레고 조각들을 다시 상자 안에 넣고 아무리 흔들어도 이 레고 조각들은 말이 되지 않아. 레고 조각이 어떻게 저절로 말이 될 수 있겠니? 절대 그럴 수는 없지! 네가 이 레고 조각들을 다시 조립해야 말이 만들어질 거야! 또 네가 새로운 말을 조립할 수 있는 것은 이미 네 머릿속에 네가 본 말의 모습이 자리 잡고 있기 때문이야. 따라서 레고로 만든 말은 모든 말이 가진, 불변하는 밑그림에 따라 생겨난 것이지.

똑같은 50개의 과자에 대한 해답을 찾았니? 우리 한번 이렇게 상상해보자. 소피 너는 갑자기 우주에서 지구로 툭 떨어져서 빵 가게를 처음 본 거야. 그래서 멋진 빵 가게를 보고 더듬더듬 들어가 쟁반 위에 있는 사람 모양 과자 50개를 보게 됐어. 내 생각에는, 넌 머리를 긁적이며 어떻게 이 과자들이 모두 똑같이 생겼는지 스스로에게 묻겠지. 또 이 사람 모양 과자들 중 어떤 것에는 팔이나 목이 없거나 배가 불룩 튀어나와 있는 것도 있을 거야. 그러나 네가 잘 생각해보면 이 과자들은 하나의 공통점이 있음을 알 수 있어. 이 과자들은 모두 온전하진 않지만, 모두 '공동의 기원'이 있단다. 이 과자들은 모두 한 틀에서 구워졌다는 것이지.

그뿐이 아니야! 이제 너는 이 틀을 보고 싶어질 거야. 이 형상은 이 틀로 만들어낸 부스러지기 쉬운 어떤 모조품보다 더할 나위 없이 완전하고 어떤 의미에서는 한층 더 아름답겠지.

소피야, 네가 이 문제를 스스로 해결했다면 너는 플라톤과 같은 방식으로 철학 문제를 풀어낸 것이란다. 대부분의 철학자들처럼 플라톤도 '우주에서 지구로 툭 떨어진' 격이지. (그는 토끼 가죽의 맨 위에서 가는 털을 잡고 내려앉은 셈이야.) 플라톤은 어떻게 모든 자연현상들이 비슷할 수 있는지 경이롭게 여겼어. 그래서 우리 주변에서 눈에 보이는 만물 '위에' 혹은 '뒤에' 한정된 수의 형상들이 있다고 결론지었단다. 플라톤은 이 형상들을 '이데아'라고 불렀어. '말의 이데아', '돼지의 이데아' 그리고 '인간의 이데아'가 있다고 본 것이지. (그래서 빵 가게에는 사람 모양의 과자 뿐만 아니라, 돼지 모양, 혹은 말 모양의 과자가 있을 수 있단 말이지. 왜냐하면 괜찮은 빵 가게에는 하나 이상의 틀이 있기 때문이야. 하지만 사람 모양 과자라는 종류는 단 한 가지의 틀만으로 충분하지.)

자, 이제 결론을 내려 보자. 플라톤은 '감각 세계'의 뒤편에 참된 현실이 있다고 믿었단다. 그는 이 현실성을 이데아의 세계라고 불렀어. 여기서 우리는 영원불변의 '밑그림'을, 곧 각양각색의 자연현상들 배후에 있는 원형을 발견할 수 있지. 이 특이한 플라톤의 생각을 우린 이데아론이라 한단다.

확실한 지식

사랑하는 소피야, 지금까지 내 이야기를 잘 읽었지? 하지만 혹시 플라톤이 정말로 진지하게 그 문제를 생각했는지 궁금할 수도 있어. "플라톤은 정말 그런 현상들이 아주 다른 현실 속에도 실제로 있다고 생각했을까?"

플라톤은 이데아를 그의 평생에 걸쳐 글자 그대로 똑같은 방식으로 생각하지는 않았지만, 그의 몇몇 대화편에 따르면 이데아란 어느 정도는 그렇게 이해될 수밖에 없단다. 그럼 플라톤의 논증 과정을 한번 따라가 보자.

철학자는 영원불변하는 것이 무엇인지 파악해내려 한다고 했지. 특정 비눗방울의 존재에 관해 철학 논문을 쓰는 것은 그다지 큰 의미가 없을 거야. 첫 번째로 그 비눗방울이 갑자기 사라지기 전에 제대로 연구할 수 없었을 테니까 말이야. 두 번째로 아무도 보지 못했고 몇 초 동안만 실재하는 그런 사물에 관한 철학 논문은 실질적으로 팔기가 어렵지.

플라톤은 우리 주위의 자연에서 볼 수 있는 만물, 즉 우리가 잡고 만져 볼 수 있는 모든 것은 비눗방울에나 비유할 수 있는 것이라고 생각했어. 감각 세계에 실재하는 사물은 무엇이든 간에 시간이라는 시련을 겪어야 하기 때문이야. 너도 알다시피 다소 시간의 차이는 있지만 사람과 동물은 결국 분해되고 죽게 되니까. 심지어 대리석 덩어리도 아주 천천히 닳아서 결국은 완전히 부스러져 버리지. (지금 폐허가 된 그 아크로폴리스를 생각해봐. 물어볼 필요도 없지. 바로 그런 거야.) 우리는 변하는 사물에 대해 확실한 지식을 얻을 수 없다는 것이, 플라톤의 철학 문제였단다. 우리가 건드리고 만질 수 있는 감각 세계의 사물에 관해선 그저 불확실한 의견만을 가질 뿐이지. 우리는 오직 이성으로 인식하는 것에 관해서만 확실한 지식을 가질 수 있어.

그래, 소피야. 내가 좀 더 정확하게 설명해볼게! 사람 모양을 한 과자가 각각 반죽하는 도중 혹은 발효 과정이나 굽는 과정에서 잘못되는 바람에 아무도 그 과자가 무슨 모양인지 형체를 분간할 수 없게 됐다고 하자. 그러나 내가 20~30개에 달하는 비교적 형상이 온전한 과자를 본다면, 나는 과자의 모양을 어느 정도 확신할 수 있을 거야. 직접 그 형상을 보지 못했더라도 그 형상으로 추론할 수 있지. 따라서 꼭 눈으로 그 형상을 보는 게 더 낫다고 단정할 수 없어. 왜냐하면 늘 우리의 감각에만 모든 것을 의존할 수는 없기 때문이야. 시력은 사람마다 다르지만 이성은 누구에게나 동일하기 때문에 그것이 우리에게 들려주는 말은 믿을 수 있지.

네가 반 친구 30명과 함께 있을 때, 선생님이 무지개 색 중 제일 예쁜

색이 무엇이냐고 물으면 대답은 제각각 다를 거야. 그러나 선생님이 3
곱하기 8은 얼마냐고 물으면 모두 똑같이 대답하겠지. 이 순간 판단한
것이 바로 이성인데, 이것은 한 가지 점에서 의견이나 느낌과는 정반대
야. 이성이 영원하고 보편적이라고 말할 수 있는 것은 이성이 영원하고
보편적인 사실에 관해서만 이야기하기 때문이야.

  플라톤은 수학에도 큰 관심을 가졌는데 수학적 사실은 절대 변하지
않기 때문이란다. 수학적 사실에 관한 한 우리는 확실한 지식을 얻어낼
수 있지. 한 가지 예를 들어볼까? 소피야, 잘 생각해봐! 네가 숲에서 둥
근 솔방울 하나를 발견했다고 하자. 너는 그것을 둥근 공 같다고 하는데,
네 친구 요룬은 그 솔방울의 한쪽이 약간 찌그러져서 공 같지 않다고 주
장해. (그래서 너희는 싸우게 되지!) 너희는 눈으로 본 것에 관해 확실한 지
식을 얻지 못한 거야. 반대로 너희는 원의 전체 각도의 합은 360도라고
완벽히 확신하지. 그런 경우에 너희는 비록 자연 속에 존재하지는 않지
만 너희 마음의 눈을 통해 선명하게 볼 수 있는 '이상적인' 원에 대해 말
할 수 있는 거야. (이제 너희는 감추어진 과자의 형상에 대해 이야기하게 된단다.
우연히 식탁에 놓인 과자가 아니라!)

  지금까지 한 이야기를 요약하면, 우리의 감각이 인지하고 느끼는 것
에 대해서 우리는 불확실한 의견밖에 가질 수 없어. 그러나 우리가 이성
을 통해 인식한 것에 대해서는 확실한 지식을 얻을 수 있단다. 삼각형의
세 각의 합은 영원히 180도지. 또 감각 세계에서 볼 수 있는 말이 언젠가
모두 절름발이가 된다 해도, 말은 네 개의 다리로 서 있다는 '이데아'는
계속 보편타당할 거야.

불멸의 영혼

플라톤이 현실을 둘로 나누어 분류한 내용을 살펴보았지.

그 하나가 바로 감각 세계의 현실이야. 즉 우리가 대략적이고 불확실한 오감을 통해 인식하는 이 '감각 세계'에 대해 우리는 단지 대략적이거나 불완전한 지식만을 얻을 수 있어. 우선 이 감각 세계에서 '모든 것은 흐르기' 때문에 변하지 않는 것은 아무것도 없지. 감각 세계에는 영속하는 것은 없고 그저 생겼다 사라지는 사물들이 있을 뿐이야.

다른 하나는 '이데아 세계'의 현실이야. 즉 이데아의 세계에서 우리는 이성을 사용하여 확실한 지식을 얻을 수 있지. 이 이데아의 세계는 감각을 통해서 인식할 수 없어. 이데아들(혹은 형상들)은 영원하고 변하지 않는단다.

플라톤에 따르면, 인간 존재 역시 둘로 나뉜다고 해. 인간은 '변화'하는 육체를 갖고 있어. 우리는 감각 세계와 떼려야 뗄 수 없는 관계를 맺고 있으며 이 세계의 다른 만물과 같은 운명을 겪지. (예를 들면 비눗방울처럼.) 그리고 우리의 감각은 육체와 밀접하게 결합해 있기 때문에 믿을 수 없어. 그러나 우리에겐 불멸의 영혼이 있단다. 영혼이 자리 잡은 곳은 바로 이성이야. 영혼은 물질적인 것이 아니기 때문에 이데아의 세계를 향해 눈길을 돌릴 수 있지.

소피야, 이제 거의 다 얘기한 것 같구나. **하지만 아직 더 가야 해!**

플라톤은 영혼이 우리 육체 안에 자리 잡기 전에 이미 이데아의 세계에 있었다고 생각했어. (영혼은 과자 틀과 함께 벽장 맨 위에 놓여 있었지.) 그러나 영혼이 육체 안에서 깨어나는 동시에 모든 이데아를 잊어버리게 돼. 이때부터 아주 놀라운 과정이 시작되었단다. 즉 인간은 자연 속에서 여러 형상들을 체험해감에 따라 점점 영혼 속에 깃든 희미한 기억들이 되살아나기 시작한 거야. 우리가 눈으로 보는 말은 말 모양의 과자처럼 불완전한 말이지. 영혼이 한때 이데아의 세계에서 본 온전한 말의 형상을 희미하게나마 기억나게 하기 위해서는 그것으로도 충분하지. 또 이 회상을 통해 영혼이 자리 잡고 있던 고향을 향한 동경이 싹트게 돼. 플라톤은 이러한 갈망을, 사랑을 의미하는 에로스라고 불렀단다. 영혼은 생겨난 곳을 향한 '사랑의 동경'을 감지하게 되지. 그리고 이제부터 영혼은 육체와 감각적인 것을 모두 불완전하고 비본질적인 것으로 경험하게 되지. 사랑의 날개를 단 영혼은 이제 이데아의 세계에 있는 '고향'으로 날아가. 그리고 감옥과도 같은 육체에서 벗어나려 해.

이러한 생각에 관하여 특히 강조할 점은 플라톤이 이상적인 삶의 과정을 기술하고 있다는 거야. 모든 사람이 다 영혼을 이데아의 세계로 되돌아갈 수 있도록 자유롭게 놓아주는 것이 아니란다. 대개의 사람들은 도리어 감각 세계에서 볼 수 있는 이데아의 '그림자'에 집착하지. 눈으로 말을 보는 사람은 그저 말을 볼 뿐 이 말이 모두 엉성한 모조품이란 사실을 보지 못해. (바로 이들은 말 모양 과자가 어떻게 생겨났는지 의문도 갖지 않은 채 부엌에서 그 과자를 굽는 사람과 같아.) 플라톤이 묘사한 것은 '철학자의 길'이란다. 우리는 그의 철학을 철학자의 활동에 대한 서술이라고 이해할 수 있지.

소피야, 넌 그림자를 볼 때 분명 어떤 사물이 이 그림자를 드리운다고 생각하겠지. 그런데 어떤 동물의 그림자를 보았다고 하자. 아마 그것이 말의 그림자 같다는 생각이 들었어도 너는 확신할 수 없을 거야. 그래서 너는 고개를 돌려, 실제 동물을 확인할 거야. 물론 두 눈으로 본 동물은 불확실한 말의 그림자보다 윤곽이 훨씬 선명하고 아름답지. 그래서 플라톤은 모든 자연현상을 영원한 형상의 그림자, 혹은 이데아의 그림자에 불과하다고 생각했단다. 그러나 사람들 대부분은 살면서 이 그림자에 만족해. 그들은 무엇이 이 그림자를 드리우는지 전혀 생각도 못하지. 그들은 그림자가 존재의 전체라고 생각하기 때문에 그림자를 그림자로 생각하지도 않아. 그래서 이들은 자신들의 영혼의 불멸성도 잊고 있지.

암흑의 동굴에서 나오는 길

플라톤은 지금까지 그의 생각을 명백히 밝혀주는 한 비유를 들었는데, 우린 이것을 '동굴의 비유'라고 한단다. 이 비유를 내 방식대로 한번 설명해볼게.

사람들이 지하 동굴에서 산다고 상상해보자! 사람들은 출입구 쪽으로 등을 돌린 채 있고 목과 발목이 다 묶여 있어. 따라서 그들은 동굴 벽만 볼 수 있지. 등 뒤에는 큰 장벽이 있고 그 뒤엔 사람과 비슷한 모습들이 지나다녀. 그 뒤에서 불이 타올라 동굴의 안쪽 벽에 어른거리는 그림자를 드리우지. 동굴 안의 사람들이 볼 수 있는 유일한 것은 이 '그림자의 연극'이야. 그런데 사람은 태어날 때부터 그곳에 앉아서 그림자만 보았기 때문에, 이 그림자가 유일한 실재라고 생각하지.

그런데 이제 동굴 안에 있던 사람들 가운데 하나가 묶인 상태로부터 자유로워졌다고 상상해봐. 처음에 그는 벽의 그림자가 어디서 온 것일까 자문해보겠지. 마침내 자유를 얻고 장벽 위에 놓인 여러 물체들로 고개를 돌렸을 때 어떤 일이 일어났을 것 같니? 당연히 처음에는 강렬한 빛 때문에 눈이 부시겠지. 물체의 또렷한 윤곽 역시 그의 눈을 부시게 할 거야. 그는 지금까지 그림자만 보고 살았으니까. 그가 장벽 위로 올라가 불을 지나 동굴 밖의 넓은 곳으로 올라가면 더욱 눈이 부실 거야. 그러나 두 눈을 비빈 뒤에 그는 모든 것이 얼마나 아름다운지 보게 되겠지. 그는 처음으로 색깔과 또렷한 윤곽을 보게 돼. 그리고 진짜 동물들과 꽃들을 볼 테고. 동굴 안의 물체들이란 그것들의 모조품에 지나지 않았던 거야. 이제 그는 이 동물들과 꽃들이 어디서 왔는지 묻지. 그는 하늘의 태양을 보고 그것이 자연의 동물과 꽃에게 생명을 준다는 것을 이해하게 되겠지. 동굴 안의 불꽃이 그림자를 볼 수 있게 했던 것처럼.

이제야 이 행복한 동굴 거주자는 자연으로 뛰어나가 갓 얻어낸 자유를 만끽해. 그러나 그는 아직 저 아래 지하 동굴에 갇혀 있는 다른 사람들을 생각하고 다시 돌아가지. 동굴에 도착한 그는 다른 동굴 안에 있는 다른 사람들에게 동굴 벽에 어른거리는 그림자는 단지 실재의 모형일 뿐임을 알려주려고 애쓰지만 아무도 그의 말을 믿지 않아. 동굴 안에 있는 많은 사람들은 동굴 벽을 가리키며 그들이 거기서 보는 것이 존재하는 모든 것이라고 말해. 결국 사람들이 그를 죽도록 때릴거야.

플라톤이 동굴의 비유를 통해 묘사한 것은 철학자가 불명료한 상상에서 출발하여 자연현상의 배후에 있는 실재 이데아에 이르는 철학 과정이야. 또 이 동굴 안에 묶여 있던 사람들이 죽인 소크라테스를 생각했을 수도 있지. 소크라테스는 이 동굴 사람들에게 익숙한 생각들이 잘못

됐다고 꼬집고, 그들에게 진정한 통찰에 이르는 길을 열어 보이려고 했으니까 말이야. 이런 식으로 동굴의 비유는 철학자의 용기와 교육적 책임을 상징한단다.

여기서 플라톤이 말하려 했던 것은 바로 암흑의 동굴과 바깥의 자연 사이의 관계가, 자연 형상과 이데아 세계 사이의 관계와 같다는 거야. 플라톤은 자연이 어둡고 슬프다고 생각하진 않았지만, 이데아의 명확성과 비교하면 자연은 어둡고 슬프다고 생각했단다. 예쁜 소녀의 그림은 절대 어둡고 음울하지 않고 오히려 정반대겠지! 하지만 소녀의 모습 역시 하나의 상일 뿐이란다.

철학자가 다스리는 나라

우리는 동굴의 비유를 플라톤의 『국가』에서 찾아볼 수 있어. 여기서 플라톤은 우리가 '유토피아'라고 표현하는 이상 국가를 소개했지. 쉽게 말하면 철학자가 국가를 다스려야 한다는 것이 플라톤의 생각이야. 이 것을 정당화하기 위해 그는 먼저 사람의 신체를 분석했어.

플라톤에 따르면 육체는 '머리', '가슴', '배', 세 부분으로 되어 있단다. 각 부분은 나름대로 특성이 있지. 머리는 이성, 가슴은 의지, 배는 욕구 또는 욕망으로 보았어. 그 외에도 각 신체의 능력은 이상 혹은 덕을 가져. 즉 이성은 지혜를 추구하고, 의지는 용기를 구하며, 욕망은 중용을 위해 절제되어야 하지. 우선 이 세 부분이 하나가 될 때, 우리는 조화롭고 올바른 인간이 될 수 있단다. 그래서 아이들은 학교에서 제일 먼저 자신의 욕망을 누르는 법을 배우고, 그다음으로 용기를 키우고, 끝으로 이성과 지혜를 얻으려고 노력해야 해.

플라톤은 국가도 사람과 똑같은 방식으로 구성되었다고 생각했어. 육체가 머리, 가슴, 배로 이루어진 것처럼, 국가도 '통치자', '수호자'(혹은 군인), 그리고 '상인계급'(이 계급엔 원래 상인 외에 수공업자와 농부도 속해.)으로 되어 있지. 여기서 플라톤이 그리스 의학을 모범으로 내세우고 있음을 분명히 알 수 있단다. 건강하고 조화로운 인간이 균형과 절제를 나타내듯, 올바른 국가는 각 개인이 국가에서 자신의 자리를 바르게 인식하고 역할을 수행함으로써 존립한다는 것이지.

플라톤의 철학 세계에서는 국가 철학도 합리주의 특성을 띤단다. 좋은 국가를 결정하는 것은 국가를 이성으로 다스리느냐에 달려 있어. 머리가 육체를 조종하듯 철학자가 사회를 다스려야 한다는 것이지.

이제 각각 세 부분으로 분류할 수 있는 인간과 국가 사이의 관계를 간단한 도식으로 표현해보자.

육체	영혼	미덕	국가
머리	이성	지혜	통치자
가슴	의지	용기	수호자
배	욕망	절제	상인계급

플라톤의 이상 국가는 고대 인도의 카스트제도를 생각나게 해. 거기서 각 개인은 전체의 이익을 위해 각기 특수한 역할을 맡았단다. 플라톤 시대 혹은 그 이전부터 인도의 계급제도는 지배계급(혹은 성직자 계급),

군인 계급, 상인계급의 세 부분으로 나뉘어 있었어.

오늘날 우리는 플라톤이 생각한 국가를 관점에 따라서는 전체주의 국가라고 부를 수도 있겠지. 그래서 플라톤의 국가 철학을 신랄하게 비판하는 철학자들도 있어. 그러나 우리가 생각해야 할 사실은, 플라톤은 우리와는 다른 시대 인물이란 점이야. 그리고 플라톤은 남성만큼 여성도 국가를 잘 다스릴 수 있다고 생각했어. 통치자가 이성으로 국가를 다스려야 한다고 생각했기 때문이야. 플라톤은 여성도 남성과 같은 교육을 받고, 육아와 가사 노동에서 벗어나면 남성과 똑같은 이성을 발휘한다고 믿었지. 그리고 플라톤은 통치자와 수호자에게는 가족과 사유재산이 없어야 된다고 생각했단다. 어린이 교육은 각 개인에게 맡기기엔 너무 큰 중대사라서 국가가 책임져야 한다고 주장했지. (플라톤은 이처럼 공공 유치원과 전일제 수업을 주창한 첫 철학자란다.)

현실 정치에 크게 실망한 후, 플라톤은 『법률』이란 대화편을 썼어. 여기서 그는 '법치국가'를 이상 국가 다음으로 좋은 국가 형태로 기술하고, 사유재산 및 가족의 유대 관계를 다시 포함했지. 그렇게 해서 여성의 자유는 제한되었단다. 그러나 플라톤은 여성을 교육하지 않는 국가는 마치 오른팔만 단련하는 사람과 같다고 덧붙였어.

근본적으로 플라톤의 여성관은 당시 플라톤이 살던 고대 아테네 시대에 비추어 보면 긍정적이었다고 말할 수 있지. 플라톤의 『향연』의 한 대화에 등장하는 디오티마라는 여성은 소크라테스가 철학적 통찰력을 갖도록 도와주기도 했어.

이것이 바로 플라톤의 철학이란다. 플라톤 이후 약 2,000여 년이 흐르는 동안, 많은 사람들이 플라톤의 특이한 이데아론에 관해 토론하고 이를 비판했지. 그 첫 번째 사람이 바로 플라톤의 아카데미에서 교육받은 플라톤의 제자 아리스토텔레스란다. 그는 아테네의 세 번째 위대한 철학자지. 오늘은 여기서 마치도록 하자!

소피가 그루터기에 걸터앉아 편지를 읽는 사이, 어느새 동쪽의 나무가 우거진 동산 위로 아침 해가 높이 떠올라 있었다. 소크라테스 이야기를 다 읽고 동굴 밖으로 나온 소피의 얼굴을 아침 해가 눈부시게 비춰주었다.

소피는 작은 동굴에서 나오면서 뭔가 다른 감정을 느꼈다. 플라톤의 글을 읽은 소피는 이제 자연을 아주 새로운 방식으로 보게 되었다. 예전의 자신은 색맹이었던 것처럼 느껴졌다. 그동안 순수한 이데아가 아닌 그림자만 보아왔던 것이다.

소피는 물론 영원한 표본을 주장한 플라톤의 말이 옳은지는 확신할 수 없었다. 그러나 살아 있는 만물이 이데아의 세계에 깃든 영원한 형상의 불완전한 복제품이라는 생각은 꽤 설득력 있게 여겨졌다. 그리고 모든 꽃과 나무, 사람과 동물이 '불완전'하단 말은 옳다고 생각했다.

이제 소피 주위의 모든 것들은 너무 아름답고 생생해서 두 눈을 비빌 수밖에 없었다. 그러나 지금 소피가 보는 것들 가운데 변하지 않는 것은 아무것도 없다. 그렇지만 수백 년 뒤에도 이곳에 같은 꽃과 동물이 있을 것이다. 또 각각의 동물과 꽃이 사라지고 잊혀도, 사람들은 그 모든 것의 형상이 어떻게 생겼었는지 '기억'하게 되리라.

이때 갑자기 웬 다람쥐 한 마리가 소나무 줄기로 깡충 뛰어올라 두어 번 뱅그르르 나무줄기를 돌더니, 이내 나뭇가지 사이로 모습을 감췄다.

소피는 속으로 '너를 한 번 본 적이 있어.' 하고 생각했다. 물론 예전에 한 번 본 그 다람쥐와 같은지 확신할 수 없지만 말하자면 예전에 본 다람쥐와 같은 '형상'을 본 것이다. 소피는 플라톤의 생각이 맞을 수도 있다고 생각했다. 아마 자신의 영혼이 육체에 자리 잡기 전 이데아의 세계에서 영원한 '다람쥐'를 소피가 보았을지도 모른다.

소피가 이미 한 번 산 적이 있다는 생각이 맞을까? 지금의 육체를 얻기 이전에 정말 소피의 영혼이 실재했을까? 시간이 지나도 소멸하지 않는 작은 금괴, 바로 소피의 육체가 늙어 죽어도 계속 살아 있는 보석과도 같은 영혼이 소피의 내면에 깃들어 있는 걸까?

소령의 오두막

…… 거울 속의 소녀가 두 눈을 깜빡였다 ……

이제 7시 15분이다. 소피가 집으로 뛰어갈 필요는 없다. 엄마는 아직 두어 시간 더 주무실 테니까! 일요일엔 늘 늑장을 부리셨다.

좀 더 숲으로 들어가 알베르토 크녹스 철학 선생님을 찾아볼까? 그런데 왜 헤르메스가 소피를 보며 으르렁거렸을까?

소피는 그루터기에서 일어나 헤르메스가 달아난 오솔길을 걸었다. 플라톤에 관한 장문의 편지가 담긴 갈색 봉투를 손에 꼭 쥐고서. 두 번의 갈림길에서 그때마다 소피는 더 큰 길을 택했다.

새들이 여기저기서 지저귀고 있다. 나뭇가지 사이와 높은 하늘, 숲과 덤불 속에서 아침 단장에 여념이 없다. 새들의 생활은 평일이나 주말이나 차이가 없다. 누가 새들에게 그 모든 것을 가르쳤을까? 새의 몸속에 할 일을 말해주는 '프로그램'이 장착된 컴퓨터가 들어 있는 걸까?

이 오솔길은 작은 바위 언덕 위로 나 있는데, 높다란 소나무 숲 사이에 가파르게 아래로 이어져 있었다. 여기서부터 숲은 아주 빼곡해져서 나무 사이로 몇 미터 앞을 채 내다볼 수 없었다.

소피는 촘촘한 소나무 가지 사이로 언뜻 파란 것을 발견했다. 호수가 분명했다. 이곳에서 오솔길은 다른 쪽으로 휘어졌다. 그러나 소피는 나무 사이로 계속 걸었다. 그러는 이유를 알 수 없었지만 발길 닿는 대로 걸었다.

호수는 축구장 정도의 크기였다. 소피 맞은편 다른 둑 위에는 흰 자작나무 숲으로 둘러싸인 작은 공터 안에 빨갛게 칠한 오두막도 보였다. 굴뚝에서 옅은 연기가 모락모락 피어오르고 있었다.

소피는 물가로 걸어갔다. 근처 바닥은 사방이 아주 축축했다. 곧 작은 배 한 척이 눈에 띄었다. 배는 반쯤 육지로 올라와 있고, 배 안에는 노도 한 쌍 있었다.

사방을 둘러보았다. 발을 적시지 않고 호수를 돌아서 오두막까지 가는 건 불가능해 보였다. 소피는 배를 호수로 밀어 넣고 뱃전으로 올라가 노를 저어 앞으로 나아갔다. 배는 곧 호수 맞은편 둑에 닿았다. 소피는 육지로 올라가 조각배를 끌어당겼다. 이쪽의 둑은 건너편보다 훨씬 가팔랐다.

소피는 뒤를 한번 살피고서 호수 위 오두막으로 다가갔다.

그러면서 소피는 지금 자신의 모습에 스스로 놀랐다. 내가 지금 뭐하는 거지? 소피는 알 수 없었다. '무엇'인가 소피를 이끄는 것 같았다.

소피는 다가가 문을 두드렸다. 잠시 기다렸지만 아무도 문을 열어주지 않았다. 조심스럽게 문고리를 잡고 밀자 문이 열렸다.

"안녕하세요! 아무도 안 계세요?"

소피는 거실로 걸어 들어갔다. 뒤에 있는 문을 닫을 엄두도 내지 못했다. 오래된 난로에서 장작이 탁탁 소리를 내며 타는 소리가 들렸다.

커다란 책상 위엔 낡은 타자기 한 대, 책 몇 권과 볼펜 두 자루, 그리고 종이 뭉치가 놓여 있었다. 호수가 한눈에 들어오는 창 앞에 책상과 의자 두 개가 있었다. 그 외에 가구는 많지 않았다. 단지 책이 그득한 책장이 벽을 가리고 있었다. 흰색 서랍장 위에는 크고 둥근 거울이 하나 있는데, 틀은 묵직한 청동으로 되어 있었다. 아주 오래된 거울이었다.

그림 두 점이 벽에 걸려 있는데, 하나는 하얀 집을 그린 유화였다. 그림 속의 집은 빨간 나룻배 창고가 있는 작은 호수 가까운 곳에 있다. 집과 나룻배 보관소 사이엔 사과나무 한 그루, 덤불, 갈라진 바윗돌이 있고, 비스듬하게 경사진 정원이 자리 잡고 있다. 자작나무들은 화환처럼 정원을 에워싸고 있다. 그림 제목은 〈비에르켈리 – 자작나무에 둘러싸여〉였다.

이 그림 옆에 오래되어 보이는 남자 초상화가 걸려 있었다. 책을 품에 안고 창가 안락의자에 앉아 있는 모습이다. 수백 년은 된 것 같았다. 그리고 〈버클리〉란 제목이 붙어 있다. 화가는 스마이버트(John Smibert)였다.

비에르켈리와 버클리? 좀 이상하지 않아?

소피는 다시 오두막을 살펴보았다. 거실에 나 있는 문은 작은 부엌으로 통한다. 누가 부엌에서 방금 설거지를 한 것 같았다. 마른 행주 위에 유리잔과 받침 접시들이 가지런히 쌓여 있는데, 받침 접시 몇 개는 아직 설거지한 흔적이 남아 있었다. 바닥에는 남은 음식이 든 그릇이 있다. 아마도 고양이나 개 같은 동물이 살고 있는 듯했다.

소피는 다시 거실로 가 문을 열고 침실로 들어갔다. 침대 앞에는 구겨진 두 장의 담요가 있었다. 소피는 담요에 붙은 노란 털 몇 가닥을 발견했다. 결정적인 증거다. 소피는 알베르토 크녹스 선생님과 헤르메스가 이 오두막에 살고 있음을 확신하게 되었다.

소피는 거실로 다시 나와 서랍장 위의 거울 앞으로 다가섰다. 유리가 뿌옇고 표면이 고르지 않아서 거울에 비친 소피의 모습이 선명하지 않았다. 소피는 얼굴을 찡그려보았다. 얼마 전 자신의 집 욕실에서 해보았던 것처럼. 거울 속에 비친 얼굴도 소피가 하는 대로 따라 했지만 기대했던 뭔가 다른 일은 일어나지 않았다.

바로 그때 놀라운 일이 일어났다. 갑자기 아주 잠깐 동안 거울 속의 소녀가 두 눈을 깜박였다. 소피는 분명히 보았다. 소피는 소스라치게 놀라 움찔 물러섰다. 소피는 두 눈을 깜빡인 것일까? 어떻게 거울 속의 소녀가 두 눈을 깜빡인 것일까? 그리고 다시 거울 속의 소녀는 소피에게 눈을 깜빡여 보였다. 두 눈을 깜빡여 뭔가를 말하려는 것 같았다.

'소피야, 나는 너를 볼 수 있어. 나는 여기 반대편에 있어.'

가슴이 울렁거렸다. 그때 멀리서 개 짖는 소리가 들렸다. 헤르메스다! 이제는 돌아가야 한다.

그때 서랍장 위, 청동 거울 아래 놓여 있는 초록색 작은 지갑이 눈에 띄었다. 소피는 조심스럽게 지갑을 열어보았다. 100크로네와 50크로네 지폐 한 장씩과 학생증이 들어 있다. 학생증엔 금발 소녀의 사진이 붙어 있다. 사진 아래에 이름이 씌어 있다. '릴레산 학교, 힐데 묄레르 크나그.'

소피는 스스로 안색이 창백해지는 것을 느꼈다. 다시 개 짖는 소리가 들렸다. 당장 여기서 빠져나가야 한다.

서둘러 책상 옆을 지나칠 때, 소피는 많은 책들과 문서들 사이에서 흰 편지봉투를 발견했다. 겉봉에 '소피'라고 적혀 있었다.

소피는 깊게 생각하지 않고 편지를 집어 플라톤에 관한 편지가 들어 있는 봉투 안에 넣었다. 그러고 나서 그걸 들고 밖으로 뛰쳐나와 문을 쾅 닫았다.

개 짖는 소리가 한층 더 크게 들렸다. 그리고 소피는 보트가 사라진 것을 알았다. 순식간에 소피가 타고 온 조각배는 호수 한가운데에 떠 있었고 그 옆에 노 하나도 둥둥 헤엄치고 있었다.

소피는 배를 뭍으로 끌어올리지 못했던 것이다. 연거푸 개 짖는 소리가 들려왔다. 게다가 호수 맞은편 나무 사이에서 무엇인가 움직이는 소리가 들렸다.

더 깊게 생각하고 말고 할 여유가 없었다. 소피는 큰 봉투를 손에 꼭 쥐고 오두막 뒤 덤불 사이로 냅다 뛰었다. 늪지를 가로지르는 바람에 여러 번 장딴지까지 물에 잠겼다. 하지만 소피는 계속 걸었다. 집으로 돌아가야 했다.

잠시 뒤 소피는 오솔길을 비틀거리며 걸었다. 아까 지나온 그 길일까? 소피는 발걸음을 멈추고 원피스의 물기를 꾹꾹 눌러 짜냈다. 그제야 눈물이 났다.

어쩌면 이렇게 바보 같을 수 있지? 제일 어처구니없는 것은 무엇보다도 조각배다. 바로 눈앞에서 자꾸만 호수 가운데로 떠내려가던 조각배와 노가 생각났다. 정말 창피하기 짝이 없다, 부끄럽다…….

지금쯤 철학 선생님이 호수로 돌아왔을 것이다. 집에 가려면 조각배가 필요하실 텐데. 정말 이렇게 당황스러운 일이 생기다니! 하지만 소피가 일부러 그런 것은 아니었다.

아 참, 편지봉투! 아마 이 일은 더 나쁜 짓이었을지도 모른다. 왜 이 봉투를 가져왔지? 물론 그녀의 이름이 적혀 있었기 때문에 소피의 편지가 맞지만 그럼에도 소피는 꼭 도둑질을 한 느낌이다. 게다가 소피가 오두막에 있었다는 증거를 남겨놓은 셈이다.

소피는 편지봉투에서 쪽지를 꺼냈다. 이런 글귀가 적혀 있었다.

닭이 먼저일까, 닭의 '이데아'가 먼저일까?

인간이 타고나는 이데아란 것이 있을까?

인간이 동식물과 다른 점은 무엇일까?

비는 왜 올까?

인간이 잘 살기 위해선 무엇이 필요할까?

지금은 이 질문들을 곰곰이 생각해볼 여유가 없었다. 그렇지만 이 질문들은 다음 차례의 철학자와 관련이 있는 것 같다. 아리스토텔레스라는 철학자였던가?

얼마쯤인가 숲을 지나 끝없이 달려서 덤불 울타리를 발견했을 때, 소피는 마치 육지로 간신히 헤엄쳐 나온 조난자가 된 기분이었다. 다른 방향에서 그 덤불 울타리를 보니 기분이 참 이상했다. 비밀 장소인 동굴로 기어 들어가며 시계를 보니 10시 반이다. 다른 편지들이 들어 있는 과자통에 가지고 온 큰 봉투를 집어 넣고, 새 질문들이 적힌 쪽지를 팬티스타킹 안에 끼워 넣었다.

소피가 거실에 들어서자 엄마는 수화기를 내려놓으며 물었다.

"소피야, 도대체 어디 갔었니?"

"저어, 산책을 좀 했어요…… 숲에서……."

소피는 더듬거리며 대답했다.

"그래, 네 꼬락서니를 보니 알겠구나."

소피는 아무 말도 못했다. 옷에서 물방울이 뚝뚝 떨어지는 것을 보고 있었다.

"요룬에게 전화했었어……."

"요룬요?"

엄마는 갈아입을 마른 옷을 가져다주었다. 소피는 간신히 철학 선생님의 쪽지를 얼른 다른 곳에 숨길 수 있었다. 소피는 부엌에 앉았고 엄마는 따뜻한 코코아를 만들어주었다.

엄마가 물었다.

"그 친구랑 같이 있었니?"

"그 친구요?"

소피는 언뜻 철학 선생님을 떠올렸다.

"그래, 그 남자친구. 너의 '흰 토끼'!"

소피는 고개를 가로저었다.

"너희들은 같이 있을 때 대체 뭘 하는 거니? 옷은 또 왜 그렇게 젖었어?"

소피는 심각한 얼굴로 부엌에 앉아 식탁만 내려다보았다. 하지만 마음속 비밀스러운 곳에선 무엇인가가 빙그레 웃음 짓고 있었다. 불쌍한 엄마, 그런 걱정까지 하시다니!

소피는 다시 고개를 내저었다. 엄마의 질문 공세가 계속 이어졌다.

"이제 모두 사실대로 들어야겠어. 간밤에 어디 갔었니? 내가 자러 갔을 때 너 몰래 숨어들어 왔지! 소피야, 이제 넌 열다섯 살이야! 난 네가 누구와 있었는지 지금 들어야겠어."

소피는 울기 시작했다. 그리고 그간 일을 다 털어놓았다. 그녀는 항상 두려움을 갖고 있었고 두려워하는 사람은 일반적으로 진실을 말하게 된다.

소피는 일찍 일어나서 숲을 산책한 것을 설명했다. 오두막집과 조각배 이야기, 그리고 이상한 거울에 대해서도 말했다. 하지만 비밀 편지에 관해선 한마디도 언급하지 않았다. 물론 초록색 지갑에 대한 얘기도 뺐다. 소피 자신도 왜 그랬는지 모르겠지만, 힐데의 일은 혼자만의 비밀로 간직했다.

엄마는 소피를 품에 안았다. 엄마가 소피를 믿고 있음을 느낄 수 있었다.

"전 남자 친구 없어요."

코를 훌쩍이며 소피는 말했다.

"엄마가 흰 토끼 때문에 걱정하실까 봐 그냥 그렇게 말씀드렸을 뿐이에요."

"넌 소령의 오두막에 갔던 거구나……."

엄마가 깊은 생각에 잠긴 듯 말했다.

"소령의 오두막요?"

소피가 눈을 크게 떴다.

"네가 숲 속에서 찾아낸 작은 오두막을 소령의 오두막이라고 불러. 꽤 오래전에 그 집에 나이 많은 소령이 살았는데, 조금 괴팍하고 고집이 셌지. 하지만 지금은 그 집에 대해 이야기 하지 않아. 그 후로 계속 오두막은 비어 있었거든."

"그랬군요. 하지만 지금은 철학자가 살고 있어요!"

"아니야! 너 또 무슨 공상을 시작하려는 거구나!"

소피는 자기 방에 앉아 그동안 겪은 일들을 곰곰 되새겨보았다. 소피의 머릿속은 육중한 코끼리와 익살맞은 광대, 대담한 곡예사와 조련된 원숭이가 서로 돌고 도는 시끄러운 서커스 같았다. 그러나 계속 어떤 이미지가 머릿속에 떠올랐다. 호숫가 깊은 숲 속에 둥둥 떠다니는 작은 배와 노 그리고 집으로 돌아오려면 배가 필요한 그 사람……

소피는 철학 선생님이 소피의 행동을 나쁘게 생각하지 않을 거라고 확신했다. 소피가 오두막을 다녀간 사실을 알면 아마 용서해주실 거라고 생각했다. 그러나 소피는 약속을 어겼다. 지금까지 철학을 가르쳐준 선생님에게 고작 그런 식으로 보답을 하다니. 어떻게 잘못을 바로잡을 수 있을까!

소피는 분홍색 편지지를 꺼내, 편지를 썼다.

존경하는 철학 선생님! 일요일 아침에 오두막에 갔었어요. 몇 가지 철학 문제에 관해 더 정확히 토론하기 위해 선생님을 뵙고 싶어요. 지금 저는 플라톤의 팬이에요. 그러나 이데아 혹은 형상이 다른 종류의 현실 속에서 실재한다는 플라톤의 생각이 옳은지, 확신할 수가 없어요. 물론 이데아나 이상의 개념이 우리의 영혼 속에 있지만 지금 제 생각으로는 전혀 다른 문제 같기도 해요. 그리고 저도 안타깝지만 우리 영혼은 불멸한다는 사실에 대해서도 역시 그다지 확신이 가지 않아요. 저도 예전의 제 인생은 전혀 생각이 안 나거든요. 돌아가신 할머니의 영혼이 이데아의 세계에서 잘 지내고 계시다는 사실로 제가 확신할 수 있도록 해주신다면 정말 고마울 것 같아요.

원래는 분홍 편지봉투에다 각설탕을 한 조각 넣어야 할 이 편지를, 철학 이야기를 하기 위해 쓰기 시작한 것은 아니에요. 제가 선생님 말씀을 잘 들을지 않은 것에 대해 용서를 빌고 싶었어요. 저는 그 조각배를 뭍으로 끌어올려 놓으려고 했지만 충분히 끌어올리지 못했어요. 세찬 물결에 조각배가 그만 미끄러져 들어가 버렸어요.

선생님께서 발을 적시지 않고 댁으로 잘 돌아가셨기를 바랍니다. 만일 그러지 못하셨어도, 물에 흠뻑 젖어 독감에 걸릴 것 같은 저보다는 나으실 거예요. 하지만 그것 역시 제 탓이죠.

그리고 오두막에서 아무것에도 손대지 않으려 했지만, 제 이름이 적힌 편지봉투를 보자 그만 유혹에 빠지고 말았어요. 훔치려는 생각은 아니었는데 편지에 제 이름이 적혀 있길래 순간 제 것이라고 생각했어요. 정중하게 용서를 구하며, 다시는 절대 선생님을 실망시키지 않을 것을 약속드립니다.

추신 1 : 질문들은 곧 제대로 생각해볼게요.

추신 2 : 흰 서랍장 위에 걸린 청동 거울은 그냥 평범한 거울인가요? 아니면 마법의 거울인가요? 거울에 비친 제 모습이 두 눈을 깜빡거렸는데, 그런 일은 처음이라 여쭤보는 거예요.

그럼 선생님, 안녕히 계세요.

— 진심으로 관심을 갖고 있는 제자 소피

소피는 편지를 봉투에 넣기 전에 두 번 더 읽었다. 어찌됐든 먼젓번 편지보다는 덜 심각했다. 부엌으로 가서 각설탕 하나를 슬쩍하기 전, 소피는 과제가 적힌 그 쪽지를 다시 집어 들었다.

'닭이 먼저일까? 닭의 이데아가 먼저일까?'

이 질문은 닭이 먼저냐 달걀이 먼저냐 하는 오래된 수수께끼처럼 어려운 질문이다. 달걀이 없으면 닭이 있을 수 없고, 닭이 없는데 달걀이 생길 리 만무하다. 닭과 닭의 '이데아' 가운데 무엇이 먼저였는지 알아내는 것은 정말 어렵지 않은가? 플라톤은 무엇이라 말했을지는 뻔했다. 플라톤이라면 감각 세계에서 닭이 존재하기 훨씬 전에 이데아의 세계에서 '닭의 이데아'가 실재했다고 말했을 것이다. 플라톤에 따르면, 영혼은 육체 안에 자리 잡기 전에 그 닭의 '이데아'를 보았다. 그런데 소피는 바로 이 부분에서 플라톤이 오류를 범하고 있다고 생각했다. 살아 있는 닭이나 닭의 모습을 본 적이 없는 사람에게는 닭에 대한 '이데아' 역시 있을 수 없다. 이러한 생각과 함께 소피는 다음 질문으로 넘어갔다.

'인간이 타고나는 이데아란 것이 있을까?'

소피는 아주 의심스러웠다. 갓 태어난 아기가 수많은 관념들을 마음대로 사용할 수 있으리라곤 상상할 수도 없으니까. 그러나 그것만으로는 확신이 서질 않는다. 왜냐하면 아기가 전혀 말할 줄 모른다고 해도 이 사실이 아기 머릿속에 아무런 관념도 없음을 뜻하지는 않기 때문이다. 그러나 우리가 세계의 사물에 관해 무엇인가 알기 위해서는 먼저 이 사물을 보아야만 할까?

'인간이 동식물과 다른 점은 무엇일까?'

소피는 분명한 차이가 있다는 것을 금방 알아챘다. 예를 들면 식물은 복잡한 정신 활동을 한다고는 생각되지 않는다. 초롱꽃이 상사병에 걸렸다는 말을 들어본 적은 없으니까. 식물은 자라며 양분을 섭취하고, 번식을 위해 작은 씨앗을 만들어낸다. 식물의 본질에 관해 말하자면 이 정도가 전부다. 소피는 식물의 본질에 관한 내용이 역시 동물과 사람에게도 적합한지 곰곰이 생각해보았지만 동물에겐 그 밖에 또 다른 특성들이 있다. 예를 들면 동물은 움직일 수 있다. (장미가 마라톤 경주에 참가해본 적이 있을까?) 사람과 동물의 차이를 밝히는 것은 더 어려운 일이다. 사람은 생각할 수 있지만 동물도 생각할 수 있을까? 소피는 고양이 셰레칸이 생각할 수 있다고 확신했다. 셰레칸은 꽤 계산적으로 행동한다. 하지만 셰레칸이 철학 문제를 깊이 생각할 수 있을까? 고양이가 식물과 동물, 그리고 사람의 차이를 고민할 수 있을까? 아마 못할 것이다! 고양이는 분명 기뻐하거나 슬퍼할 수 있겠지만 신이 존재하는지, 불멸의 영혼이 있는지 궁금해할까? 소피는 대단히 의심스러웠다. 아기와 타고나는 이데아의 관계는 고양이에게도 그대로 적용된다. 갓 태어난 아기의 경우처럼, 고양이도 역시 이런 이데아에 대해 말한다는 것은 어려운 일이다.

'비는 왜 올까?'

소피는 어깨를 으쓱했다. 비가 오는 것은 분명 바닷물이 증발해서 구름이 되고, 구름이 빗방울로 응결되기 때문이지! 이미 3학년 때 배운 사실이 아닌가? 또 동물과 식물들이 자랄 수 있도록 비가 온다고 당연한 듯이 말할 수도 있다. 하지만 이 말이 맞을까? 그럼 소나기에는 어떤 의도가 숨겨져 있는 걸까?

마지막 과제는 분명히 의도적이다.

'인간이 잘 살기 위해선 무엇이 필요할까?'

이 질문과 관계된 것을 철학 선생님은 이미 철학 강의 맨 앞에 적어놓았었다. 모든 사람에게는 음식과 온기, 사랑과 보호가 필요하다고. 이는 삶을 영위하는 데 필요한 기본 조건들이다. 그 밖에도 철학 선생님은 몇몇 철학 문제의 해답이 필요하다고 지적했다. 스스로 적응할 수 있는 직업을 갖는 것도 사람한테는 꽤 중요하다. 예를 들면 돌아다니기를 싫어하는 사람이 택시 운전사가 된다면 별로 행복하지 않을 것이다. 또 숙제를 좋아하지 않는 사람이 선생님이 된다면, 이것도 분명 바람직한 직업 선택은 아닐 것이다. 소피는 동물을 좋아하기 때문에 장래에 수의사가 되고 싶었다. 그렇지만 잘 살기 위해서 복권 당첨으로 백만장자가 되는 것이 꼭 필요하지는 않다고 생각했다. 오히려 그 반대일지도 모른다! 돈이 삶을 좌우하는 것은 아니다. 그래서 "게으름은 악의 근원이다."라는 속담도 있지 않은가!

엄마가 밥 먹으라고 부를 때까지 소피는 방에 앉아 있었다. 엄마는 포크커틀릿을 만들고 감자를 오븐에 구워냈다. 맛있겠다! 엄마는 촛불도 켰다. 게다가 후식으로 나무딸기 크림까지.

소피는 엄마랑 이런저런 이야기를 나누었다. 엄마는 소피가 열다섯 번째 맞는 생일 파티를 어떻게 준비하고 싶은지를 물었다. 생일까지는 이제 몇 주밖에 남지 않았다.

소피는 어깨를 으쓱했다.

"누구를 초대하고 싶니? 아니면 파티를 열고 싶지 않니?"

"저어……."

"마르테와 안네 마리…… 그리고 헤게와 요룬도 초대해야 하잖아. 또 외르겐도……. 하지만 모든 것은 네가 직접 결정해야지. 내가 열다섯 살이 됐을 때 어땠는지 지금도 생생하게 기억나. 이미 그때 다 컸다고 느꼈지. 소피야, 참 이상하지 않니? 그 이후로 내가 거의 변하지 않은 것 같은 생각이 드니 말이다."

"엄마는 변하지 않으셨어요. 아무것도 변하지 않아요. 단지 성장했을 뿐이죠. 나이를 더 먹었고요……."

"흠……. 그래, 그 말은 어른처럼 들리네. 시간이 무서울 정도로 너무 빨리 흐르는 것 같구나."

아리스토텔레스

…… 지나치리만큼 정확한 질서를 추구한 남자가
인간 개념들을 정리하려 했다 ……

소피는 엄마가 낮잠을 주무시는 사이 동굴로 갔다. 그리고 연분홍빛 편지봉투에 각설탕을 한 조각 넣고, 그 위에 '알베르토 선생님께'라고 써 넣었다.

새로 온 편지는 없었지만 몇 분 뒤, 헤르메스가 동굴로 다가오는 소리가 들렸다.

"헤르메스!"

곧 헤르메스가 큰 갈색 봉투를 입에 물고 동굴로 들어왔다.

"착하기도 하지!"

소피는 헤르메스를 감싸 안았다. 헤르메스는 숨을 가쁘게 몰아쉬며 헐떡였다. 소피는 각설탕이 든 분홍 편지봉투를 집어 헤르메스의 입에 물려주었다. 그러자 헤르메스는 동굴 밖으로 기어 나가더니, 다시 숲 속으로 사라졌다.

편지봉투를 뜯는 소피는 약간 긴장했다. 오두막집과 조각배에 관해서는 뭐라고 씌어 있을까?

봉투 안엔 클립으로 묶인 편지지 여러 장이 들어 있었다. 따로 들어 있는 쪽지 한 장에는 다음과 같은 말이 적혀 있었다.

꼬마 탐정에게! 아니 사랑스러운 침입자라고 해야 좀 더 정확할까? 그 사건은 이미 신고했어…….

농담이야. 별로 화나지 않았단다. 네가 그렇게 궁금하면, 철학적 수수께끼에 해답을 구하는 것이 네게 그렇게 중요하다면, 그건 좋은 조짐이지. 지금 이사를 해야 하는 내가 멍청한 사람이지. 그래, 이 모든 것이 다 내 탓이야. 네가 사건의 원인을 알려 하는 학생임을 알았어야 했는데. 잘 있거라!

— 알베르토

화나지 않았다는 선생님 말씀에 소피는 마음 가볍게 숨을 푹 들이쉬었다. 그런데 왜 선생님은 굳이 이사를 해야 할까?

소피는 큰 봉투와 편지지를 들고 방으로 뛰어갔다. 엄마가 깨어날 때쯤에는 집에 있는 편이 좋았다. 소피는 침대에 편안하게 앉았다. 그리고 이제 아리스토텔레스에 관해 읽어볼 참이었다.

철학자 겸 과학자

소피야! 너는 분명 플라톤의 이데아론을 이상하게 생각했을 거야. 너만 그런 생각을 했던 건 아니야. 네가 모든 이론을 있는 그대로 받아들였는지, 아니면 몇 가지 비판적인 이의를 제기했는지는 잘 모르겠구나. 하지만 플라톤 이론에 비판적인 반론을 제기했다면, 그와 똑같은 반론을 아리스토텔레스(기원전 384년~기원전 322년)도 제기했음을 알 수 있어. 아리스토텔레스는 약 20년 동안 플라톤의 아카데미아를 다닌 플라톤의 제자였지.

그는 아테네 사람이 아니라 마케도니아 출신이야. 플라톤이 예순한 살일 때 열여덟 살이던 아리스토텔레스가 아카데미아에 입학했단다. 아리스토텔레스의 아버지는 명망 있는 의사, 다시 말해 자연과학자였단다. 이러한 가정 환경 역시 아리스토텔레스의 철학 구상에 대해 시사하는 바가 있었지. 아리스토텔레스의 가장 큰 관심사는 바로 생동하는 자연이었어. 그는 위대한 그리스 철학자 가운데 최후의 인물이자, 유럽 최초의 생물학자였단다.

플라톤은 영원한 형상 혹은 '이데아'에 깊이 빠져 연구했고 자연 변화에 대해서는 거의 관심을 기울이지 않은 반면에, 아리스토텔레스는 오늘날 우리가 자연 진행 과정이라고 표현하는 바로 그 자연 변화에 관심을 쏟았어.

플라톤은 감각 세계엔 완전히 등을 돌렸고 우리 주위에서 볼 수 있는 것들을 등한시했어. (그는 동굴 밖으로 빠져나와 영원한 이데아의 세계를 보고 싶었던 거야!) 그렇지만 아리스토텔레스는 정반대로 자유로운 자연 속에서 물고기와 개구리, 아네모네와 양귀비꽃을 연구했지.

그러니까 플라톤은 오직 이성에 의지했고 아리스토텔레스는 반대로 감관에 의지했다고 말할 수 있지.

특히 두 철학자의 저술 방식에서 분명한 차이를 발견할 수 있어. 플라톤이 시인이자 신화 작가였던 반면, 아리스토텔레스가 쓴 책들은 마치 사전처럼 상세하면서 무미건조했지. 그 대신 가장 참신한 자연 탐구가 저술의 바탕이 되었단다.

아리스토텔레스가 썼다고 하는 약 170여 가지 저서 가운데 47가지가 지금까지 보전되었는데, 이 저서들은 모두 완성된 책이 아니야. 대부분이 강의 초록인데 그 시대의 철학은 입에서 입으로 전하는 학문이었기 때문이야.

아리스토텔레스가 유럽 문화에서 갖는 의미는, 우선 오늘날까지도 사용되는 여러 학술어를 만들어냈다는 데 있어. 그는 여러 학문을 기초하고 계통을 세운 위대한 체계 조직자였지.

아리스토텔레스가 학문 전반에 걸쳐 남긴 글의 분량이 방대하니까, 우리는 여기서 아주 중요한 몇 가지 분야를 다루는 것에 만족하기로 하자.

플라톤에 관한 설명이 좀 길었지? 자, 그럼 이제 플라톤의 이데아론에 대해 아리스토텔레스가 제기한 반론을 들어보고, 아리스토텔레스가 어떻게 독자적인 자연철학을 형성했는지 살펴보자. 그다음에 아리스토텔레스가 그 전의 자연철학자들의 생각을 어떻게 집대성했는지 알아보고, 그가 어떻게 개념들을 정리해서 논리학의 체계를 세웠는지 설명할게. 그리고 끝으로 아리스토텔레스의 인간관과 사회관에 관해 얘기할 거야.

네가 이 조건들을 수락한다면, 이제부터 팔소매를 걷어붙이고 작업에 들어가야지!

인간이 타고나는 이데아는 없다

플라톤도 이전의 철학자들처럼 만물의 변화 가운데 영원하고 불변하는 것을 찾아내려고 했단다. 그래서 감각 세계를 뛰어넘는 완전한 이데아를 발견했지. 게다가 플라톤은 이 이데아들이 자연현상보다 더 실제적이라고 생각했지. '말[馬]'의 이데아가 제일 먼저 생겨났고, 그다음에 동굴 벽에 어른거리는 그림자 같은 감각 세계의 모든 말들이 생겨난 것이지. 따라서 플라톤은 '닭'의 이데아가 개별적인 닭이나 달걀보다 먼저라고 생각했어.

아리스토텔레스는 플라톤이 모든 것의 질서를 거꾸로 뒤집어놓았다고 여겼어. 아리스토텔레스는 각각의 말이 '변화'하고 그 어떤 말도 영원히 살 수 없다는 스승 플라톤의 말에 동의했지. 또 말의 형상은 그 자체가 영원불변하다는 것도 맞는 말이라고 생각했어. 그러나 아리스토텔레스는 말의 '이데아'를 우리가 몇 마리의 말을 직접 눈으로 본 뒤에, 우리가 만들어낸 개념일 뿐이라고 여겼단다. 따라서 말의 '이데아' 혹은 '형상'은 말을 경험하기 전에는 존재하지 않는다고 생각했어. 말의 '형상'은 말의 특징들로 이루어진 것인데 이게 바로 우리가 말하는 '종개념(種槪念)'이야.

정확히 표현하면, 아리스토텔레스는 말의 '형상'을 모든 말이 공유하는 것이라고 생각했지. 바로 이 점에서 사람 모양의 과자를 만드는 틀이 보여준 비유는 더 이상 맞지 않게 되었단다. 왜냐하면 그 과자를 만드는 틀은 개별 과자로부터 독립적이기 때문이지. 아리스토텔레스는 이런 형상이 이른바 자연 속에 실재한다는 것을 믿지 않았어. 그의 생각에 이러한 '형상'은 사물의 고유한 특성으로 사물 자체에 내재하는 것이었지.

또 그는 닭의 '이데아'가 닭보다 먼저라는 플라톤의 생각에 동의하지 않았어. 닭의 '형상'이란 각각의 닭 속에 내재하는 닭의 고유한 특징에 뿌리박고 있다고 생각했지. 예를 들면 닭이 달걀을 낳는다는 그런 특성 말이야. 따라서 닭의 '형상'과 닭은 영혼과 육체의 관계처럼 나눌 수 없는 것이지.

이것으로 우리는 아리스토텔레스가 플라톤의 이데아론을 비판한 견해를 대강 살펴보았어. 하지만 넌 지금 우리가 철학적 사색의 극적인 전환에 대해 말하고 있다는 것을 꼭 기억해둬야 해. 플라톤이 현실의 최고 단계를 우리가 이성으로 생각하는 것에 둔 반면, 아리스토텔레스는 현실의 최고 단계를 우리가 감관으로 인지하고 지각하는 것에 두었단다. 플라톤은 우리 주변의 자연에서 볼 수 있는 것은 단지 이데아 세계 및 사람의 영혼 속에 실재하는 무언가의 반영이라고 간주했는데 아리스토텔레스는 이와 정반대로 사람의 영혼 속에 있는 것은 단지 자연적 대상의 반영일 뿐이라 생각했어. 아리스토텔레스에 따르면 플라톤은 인간의 상상과 실제 세계를 혼동하는 신화적 세계상에 사로잡혀 있었던 거야.

아리스토텔레스는 일단 감관 속에 실재하지 않는 것은 의식 속에도 실재하지 않는다고 주장했단다. 하지만 플라톤은 이데아 세계에 먼저 실재하지 않는 것은 자연에 존재하지 않는다고 말했을 거야. 아리스토텔레스는 이런 식으로 플라톤이 사물의 수를 쓸데없이 두 배로 늘렸다고 생각했어. 플라톤은 말을 말의 '이데아'에 대한 증거를 통해 설명했어. 그러나 이것으로 그 설명이 충분할까? 내 말은, 그렇다면 말의 '이데아'는 어떻게 생겨났느냐는 것이지! 혹시 제3의 말이 있어서 말의 '이데아'는 또다시 제3의 말의 모사일 뿐인 것은 아닐까?

아리스토텔레스는 우리 마음속에 생각과 관념의 형태로 있는 모든 것은 우리가 보고 들음으로써 우리의 의식 속에 들어오게 되는 것이라고 생각했어. 그러나 우리에겐 선천적 이성이 있지. 즉 우리는 모든 감각적 표현을 서로 다른 무리와 등급으로 정리할 수 있는 천부적 능력을 타고난 것인데, 그 능력을 통해 '돌'과 '식물', '동물'과 '사람', '말'과 '가재', 그리고 '카나리아 새'에 대한 개념들이 생겨난 거야.

아리스토텔레스는 사람이 선천적 이성을 지니고 있다는 점을 부정하지 않아. 아리스토텔레스에 따르면 이성이란 사람이 갖는 가장 중요한 특색이지. 그러나 우리가 아무것도 지각하지 않으면 우리 이성은 완전히 '빈' 상태이기 때문에 우리에겐 어떠한 선천적인 '이데아'도 없는 것이지.

형상은 사물의 특성이다

아리스토텔레스는 플라톤의 이데아론과 자신의 철학 사이의 관계를 밝힌 후, 현실은 형상과 질료의 통일이라 표현할 수 있는 서로 다른 낱낱의 사물들로 이루어져 있다고 했어. '질료'는 사물을 이루는 재료이고,

'형상'은 사물의 특성을 나타내는 거야.

소피야, 네 눈앞에서 닭이 푸드득 날갯짓하고 있어! 그 날갯짓과 울음 소리와 알을 낳는 것이 닭의 '형상'이지. 닭의 형상이란 닭의 특성이며 또한 닭의 행동이기도 해. 닭이 죽어 울음이 그치면 닭의 '형상'도 없어 지고 닭의 '질료'만 남는단다. (슬픈 일이지, 소피야!) 그러나 그것은 더 이 상 닭 그 자체는 아니지.

아리스토텔레스는 자연 변화에 특별한 관심이 있었다고 했지? 질료 는 특정한 형상을 이룰 가능성이 있지. 우리는 질료가 자신 속의 가능성 을 실현하기 위해 애를 쓴다고도 말할 수 있을 거야. 아리스토텔레스에 따르면 자연에서 생기는 모든 변화는 질료가 가능성의 상태에서 현실 성의 상태로 변형되어가는 과정이란다.

그럼 이제 이것을 설명해보자. 소피야! 재밌는 이야기를 들려줄게. 옛 날에 한 조각가가 큰 화강암 덩어리를 다듬으려고 했단다. 날마다 이 모 양새 없는 화강암 주위를 맴돌며 돌을 쪼았단다. 그러던 어느 날, 웬 소 년이 그 조각가를 찾아와서 "뭘 찾으세요?" 하고 묻자, 그저 "기다려!" 라고만 했지. 며칠 후에 소년이 또 찾아왔는데, 그때 조각가는 이 화강암 으로 멋진 말 한 필을 조각해냈어. 그러자 소년은 묵묵히 말을 바라보고 는 이윽고 조각가에게 물었단다. "그 속에 말이 들어 있는 것을 어떻게 아셨어요?" 하고.

물론 조각가는 그 화강암 덩어리에서 어떻게든 말의 형상을 본 거야. 그래, 그 조각가는 어떻게 알았을까? 그건 이 화강암 덩어리 속에 말이 될 수 있는 가능성이 있었기 때문이야. 아리스토텔레스는 자연 만물은 특정한 형상을 실현할 가능성을 지니고 있다고 생각했단다.

자, 이제 닭과 달걀 얘기로 돌아가보자. 달걀은 닭이 될 가능성을 가지고 있지. 물론 모든 달걀이 다 닭이 되는 것은 아니야. 그 가운데 대부분은 달걀 안에 내재하는 형상을 실현하지 못한 채, 반숙이나 오믈렛 또는 달걀 프라이가 되어 아침 식탁에 오르지. 하지만 달걀이 거위가 될 리는 없어. 그럴 가능성이 달걀 안엔 없는 거야. 사물의 형상은 사물의 가능성과 아울러 사물의 한계도 표현해준단다.

아리스토텔레스가 '형상'과 '질료'에 관해 언급할 때 그는 살아 있는 유기체만을 생각한 것이 아니야. 닭의 '형상'은 울음소리, 날갯짓, 알을 낳는 것이지만, 돌의 '형상'은 아래로 떨어지는 것이지. 닭이 울지 않을 수 없듯이 돌은 아래로 떨어지지 않을 수 없어. 물론, 네가 돌 한 덩어리를 집어 올려 높이 공중으로 던질 수도 있지만 돌의 속성은 아래로 떨어지는 것이니까 그 돌을 달나라까지 던질 수는 없지. (이 실험을 하려면 좀 조심해야 해. 돌이 쉽게 보복을 할 수 있을 테니까. 던진 돌은 가능한 한 빨리 땅으로 되돌아온단다. 돌이 떨어지는 자리에 서 있는 사람에게 행운이 있기를!)

네 가지 원인

살아 있는 것이든 죽은 것이든 모든 사물은 제각기 자신의 가능성을 표현하는 형상을 지니고 있다는 이야기에서 다른 주제로 넘어가기 전에 덧붙일 말이 있어. 아리스토텔레스는 자연에 내재하는 여러 인과관계에 관해 아주 주목할 만한 견해를 가지고 있었어.

우리가 일상의 삶에서 이러저러한 '원인'에 대해 말하는 것은 어떤 일이 어떻게 일어날 수 있었느냐는 거야. 창문이 깨진 것은 페터가 돌을 던졌기 때문이며, 구두 한 짝이 생기려면 구두장이가 여러 장의 가죽을 꿰매야 하지. 그러나 아리스토텔레스는 자연 안에 여러 가지 유형의 원인이 있다고 생각했단다. 그 가운데서도 특히 아리스토텔레스가 목적 원인(目的原因)이라고 부른 것을 정확히 이해하는 게 중요해.

깨진 창문을 보면 '왜' 창문이 깨졌는지, 그리고 누가 돌을 던졌는지 하는 것뿐만 아니라 왜 페터가 돌을 던졌는지 묻는 것이 당연할 거야. 다시 말해 우리는 페터가 무슨 의도로, 어떤 목적을 위해 그런 짓을 했는지 묻게 되는 것이지. 구두를 만드는 데도 어떤 의도나 목적이 중요한 역할을 한다는 것은 전혀 의심할 필요가 없어. 그런데 아리스토텔레스는 자연에서 볼 수 있는 물리적 현상에 대해서도 목적 원인을 적용했단다. 자, 한 예를 들어볼게.

소피야! 비는 왜 올까? 물론 학교에서 수증기가 냉각되어 물방울로 맺혀 무거워져서 결국 땅으로 떨어지는 거라고 배웠겠지. 네가 그렇게 말하면 아리스토텔레스도 인정하며 고개를 끄덕였을지도 몰라. 하지만 네가 열거한 세 가지 원인에 아리스토텔레스가 덧붙여 얘기할 수도 있어. 비의 재료라는 원인 혹은 질료 원인(質料原因)은 대기가 차가워졌을 때 바로 거기에 수증기(구름)라는 질료가 있었다는 사실을 말해. 작용하는 원인, 즉 작용 원인(作用原因)은 수증기를 냉각시키는 일을 뜻해. 그리고 형상적 원인, 형상 원인(形相原因)은 바로 땅에 떨어지는 것이 물의 본성 혹은 물의 형상이라는 사실이야. 여기서 네가 설명을 그치면 아리스토텔레스는 이렇게 덧붙일 거야. 비가 내리는 것은 식물과 동물이 자라는 데 필요하기 때문이라고 말이야. 그러니까 이것이 비의 목적 원인인 셈이지. 보다시피 아리스토텔레스는 물방울 하나에도 일종의 삶의 과제와 '의도'를 부여했단다.

이 모든 사실을 거꾸로 말할 수도 있어. 식물이 자라는 것은 습기가 있기 때문이라고. 그 차이를 알겠니? 아리스토텔레스는 자연의 모든 것에는 합목적성이 깃들어 있다고 믿었단다. 식물이 자라기 위해 비가 내리고 오렌지와 포도가 여무는 것은 사람이 그것을 먹을 수 있게 하기 위해서라고 그는 생각했지.

오늘날 현대 과학은 더 이상 그렇게 여기지 않아. 우리는 양분과 습기는 사람과 동물이 살 수 있는 필요조건이라고 말하지. 이러한 조건을 충족하지 못하면 우리는 생존할 수 없지만 그렇다고 우리를 먹여 살리는 것이 오렌지나 물이 갖는 의도는 아니야.

네 가지 원인설로 볼 때 우리는 아리스토텔레스가 오류를 범했다고 말할 수 있지만 너무 성급한 판단을 내리지는 말자. 많은 사람들은 사람과 동물이 살 수 있도록 신이 이 세계를 창조했다고 믿고 있어. 이런 관점에서라면 사람과 동물이 살기 위해선 물이 필요하기 때문에 강에 물이 흐른다고 주장할 수도 있을 거야. 그러나 그런 경우 우리는 신의 목적과 의도에 대해서 말하는 것이지, 빗방울이나 강물이 우리에게 호의를 가졌다고 말할 수는 없단다.

논리학

'질료'와 '형상'을 구분하는 것은 아리스토텔레스가 세계의 만물에 대한 인간의 인식 방법을 설명하는 데에도 중요한 구실을 해.

어떤 것을 인식할 때 우리는 사물들을 서로 다른 그룹과 범주로 정리하지. 내가 말 한 마리를 보고 다른 말을 보고, 또 다른 말을 봤어. 이 말들은 완전히 똑같지는 않지만 공통된 어떤 것이 있는데, 그것이 바로 말의 '형상'이야. 그에 반해 말에 따라 서로 다르고 개별적인 것은 말의 '질료'에 속하지.

우리는 세상에서 마주치는 여러 존재들을 각각 다른 서랍 속에 분류해 넣지. 소는 외양간에, 말은 마구간에, 돼지는 돼지우리에, 그리고 닭은 닭장에 넣지. 소피 아문센이 자기 방을 정돈할 때도 이런 일을 할 거야. 책들을 책장에 꽂고, 교과서는 책가방에 넣으며, 신문은 서랍 안에 넣어두지. 옷가지는 착착 잘 접어서 내의는 장롱 한 칸에, 스웨터는 다음 칸에 가지런히 넣고, 양말은 장롱 서랍에 집어넣지. 똑같은 일이 우리 머릿속에서도 일어난단다. 우리는 돌로 만든 물건과 양털 제품 그리고 고무로 된 것들을 구분해. 또 대상물을 구분할 때 산 것과 죽은 것으로 나누며, '식물', '동물', '사람'으로 나누어 생각한단다.

소피야, 이해할 수 있겠지? 아리스토텔레스는 한 소녀의 방처럼 자연을 철저하게 정돈하려고 했어. 자연 만물이 다양한 그룹과 그 하위 그룹에 속한다는 걸 증명하려고 했지. (예를 들면 헤르메스는 살아 있는 생물이야. 더 정확하게 말하면 동물이지. 동물 중에서도 척추동물이고, 포유동물이야. 더 구체적으로 말하면 개이고, 개의 종류 중에서 래브라도레트리버종이며, 더 구체적으로 말하면 래브라도레트리버종 수컷이지.)

소피야, 이제 네 방으로 올라가보렴! 그리고 아무거나 하나 바닥에서 집어. 무엇을 집든지 상관없어. 네가 집은 것이 그 부류 중에서 꽤 높은 등급에 속한다는 사실을 곧 깨닫게 될 거야. 네가 분류해낼 수 없는 무엇을 네가 직접 보게 되면 아마도 커다란 충격을 받겠지. 예를 들어 네가 식물계에 속하는지 동물계에 속하는지 광물계에 속하는지 단정 지을 수 없는 물체를 발견하면, 너는 손도 대지 못할 것 같구나.

내가 식물계, 동물계, 광물계에 관해 얘기했지. 마침 아이들 놀이 하나가 생각나는구나. 술래가 된 불쌍한 개구쟁이를 문밖으로 내쫓고, 그 동안 술래가 알아맞혀야 할 것을 다른 아이들이 생각해내는 거야. 아이들은 지금 옆집 정원에 웅크리고 앉아 있을 몬스라는 고양이로 하자고 정했어. 이제 불쌍한 개구쟁이가 다시 방으로 들어오고, 놀이를 시작하지. 술래의 질문에 아이들은 오로지 '네' 아니면 '아니요'로 대답해야 해. 이 불쌍한 개구쟁이가 아리스토텔레스라면 놀이는 아마 이렇게 전개되겠지.

형체가 있는 것입니까? 네! 광물입니까? 아니요! 살아 있습니까? 네! 식물입니까? 아니요! 동물입니까? 네! 새입니까? 아니요! 포유동물입니까? 네! 살아 있는 동물입니까? 네! 암고양이입니까? 네! 몬스입니까? 네! 깔깔깔…….

이 놀이를 창안한 사람이 바로 아리스토텔레스란다. 반면에 '숨바꼭질'을 처음 생각한 사람은 플라톤이라고 할 수 있지. 또 데모크리토스는 레고 발명가라고 할 수 있겠네.

지나치리만큼 정확한 질서를 추구해서 우리가 쓰는 개념도 체계적으로 정리정돈하려 했던 아리스토텔레스는 이런 식으로 논리학의 학문적 토대를 마련했어. 즉 어떤 해답이나 증명이 논리적인지를 가늠하는 몇 가지 엄격한 규칙들을 세웠단 말이지. 한 가지 예만 살펴봐도 충분히 알 수 있어. 우리가 먼저 '모든 생물은 죽는다.'라고 확정하고(제1가정), '헤르메스는 생물이다.'라는 사실을 확증한다면(제2가정), 이를 통해 '헤르메스는 죽는다.'라는 멋진 결론을 얻을 수 있지.

이 예가 보여주는 것은, 아리스토텔레스의 논리학에선 개념 사이의 관계, 바로 이 경우 '생물'과 '죽는다' 사이의 관계가 중요하다는 점이야. 네가 아리스토텔레스의 추론이 100퍼센트 확실하다는 것을 인정한다면 우리가 받아들여야 할 것은 아리스토텔레스가 그 추론을 통해 어떤 새로운 것을 말해주는 것은 아니라는 사실이야. 헤르메스가 '죽는 존재'라는 건 우리가 이미 알고 있거든. (헤르메스는 개라는 동물이고, 또 모든 개는 '생물'이며 따라서 산에 있는 바위와는 달리 '죽는 존재'지.) 그래, 우리는 이미 그 사실을 알고 있어. 그러나 그룹이나 사물들 사이의 상호 관계가 언제나 개와 죽음 사이의 관계처럼 그렇게 분명한 것은 아니란다. 그래서 때때로 우리의 개념들을 정리하는 일이 필요한 거야.

하나의 예를 들어볼게. 아주 작은 생쥐가 양과 돼지와 마찬가지로 정말 엄마 쥐 품 안에서 젖을 빨 수 있을까? 분명 우리 귀엔 아주 낯설게 들리는 말이지만 좀 생각이 필요한 문제야. 일단 쥐는 알을 낳지 않아. (쥐 알을 본 적이 있니?) 쥐는 돼지나 양과 똑같이 새끼를 낳아. 이렇게 새끼를 낳는 동물을 우리는 포유동물이라 부르지. 그리고 포유동물은 어릴 때 어미젖을 먹고 자라. 이렇게 우리는 목표에 도달했어. 이미 우리는 머릿속에 대답을 갖고 있었지만 곰곰이 생각해서 비로소 확신을 갖게 된 것이지. 실제로 쥐가 어미젖을 먹고 자란다는 사실을 우리가 잠시 잊었었지. 쥐가 새끼에게 먹이를 줄 때 사람의 눈을 피하기 때문에 지금껏 한 번도 어미젖을 먹고 있는 생쥐의 모습을 보지 못해서 그런 것 같아.

자연의 사다리

존재하는 모든 것에 질서를 부여하려 한 아리스토텔레스는 우선 자연의 모든 현상을 두 가지 주요 그룹으로 분류했어. 자연의 한쪽에는 돌멩이와 물방울과 흙 부스러기 따위의 영혼 없는 사물들이 있어. 영혼을 갖지 못한 이런 것에는 스스로 변화할 수 있는 능력이 없지. 오직 외적인 작용에 의해서만 변화할 수 있는 거야. 다른 쪽에는 스스로 변화할 수 있는 능력을 가진 것들이 있는데 그것이 바로 생명체야.

아리스토텔레스는 자연이 영혼 없는 사물에서 점차 생물체로 나아간다고 생각했어. 영혼이 없는 사물계 다음으로 식물계가 생겨났어. 이 식물계는 '영혼이 없는 사물계와 비교하면 영혼이 있는 듯이 보이지만 동물과 비교하면 거의 영혼이 없는 것처럼' 보이지. 끝으로 그는 생물체를 두 가지의 종속 그룹으로 나누었는데, 그것이 사람과 동물이야.

식물에 관해서는 다소 불분명한 점도 있지만, 이 분류는 분명하고 일목요연해. 생물체와 비생물체 사이엔 근본적으로 차이가 있어. 마찬가지로 식물과 동물 간에도 본질적인 차이가 존재하지. 장미꽃과 말이 다른 것처럼 말이야. 그리고 내가 보기엔 말과 사람 사이에도 어떤 본질적인 차이가 있는 것 같아. 그런데 이러한 차이는 정확히 어디에 있는 것일까? 넌 대답할 수 있겠니?

안타깝게도 네가 적은 편지와 각설탕 한 개를 담은 분홍색 편지봉투를 기다릴 시간이 없구나. 그래서 지금 내가 직접 대답할게. 아리스토텔레스가 자연현상들을 여러 다른 그룹으로 구분했을 때 그가 기준으로 삼았던 것은 사물들의 특성, 정확히 말하자면 각 사물이 할 수 있는 일과 작용이었어.

식물과 동물 그리고 사람을 통틀어 모든 생명체는 양분을 섭취하고, 성장하며, 번식하는 능력을 가져. 그 외에도 사람과 동물에게는 주위 세계를 느끼고 자연 속에서 스스로 움직일 수 있는 능력이 있지. 또 모든 사람은 사고력 또는 감각적 인상을 여러 다른 그룹과 등급으로 분류할 수 있는 능력이 있어.

물론 자연 자체에 이런 식의 분명한 경계선이 그어져 있는 것은 아니야. 우리는 단순한 식물에서 복합 식물로, 단세포 동물에서 복잡하게 진화한 동물에 이르기까지 연속적인 구간을 볼 수 있어. 아리스토텔레스가 생각하기에 이 '자연의 사다리'의 가장 꼭대기에 있는 사람은 자연의 온전한 삶을 사는 존재야. 인간은 식물처럼 양분을 섭취하고 성장하며, 동물처럼 감정이 있고 움직일 수 있을 뿐 아니라 아주 고유하고 특별한 성질을 하나 더 가지고 있는데, 그것은 바로 이성적으로 생각할 수 있는 능력이야.

그래서 사람은 신성한 이성의 불꽃을 지녔다고 했어. 그러니까 이성은 '신적인' 어떤 것이지. 아리스토텔레스는 그의 저서 여러 대목에서 모든 자연 활동을 주관하는 신이 있을 것이라고 설명했어. 그래서 자연의 사다리, 그 위에는 신이 있는 거야.

아리스토텔레스는 별과 행성들이 이곳 지구의 모든 운동을 주도한다고 상상했어. 또 무언가가 천체를 움직이고 있으리라고 생각했지. 이 무언가를 아리스토텔레스는 처음 움직인 사람, 혹은 신이라고 불렀어. 이 처음 움직인 사람 자신은 운동을 하지 않지만, 천체가 움직이게 된 첫 원인이고 자연의 모든 운동의 원인이라는 거지.

윤리학

소피야, 이제 인간의 문제로 되돌아가 보자. 아리스토텔레스의 생각에 따르면 인간의 '형상'은 '식물의 영혼'뿐만 아니라 '동물의 영혼', '이성의 영혼'까지 모두 지니고 있어. 그래서 아리스토텔레스는 '인간은 어떻게 살아야 하나?', '인간이 선하게 사는데 필요한 건 무엇인가?' 하고 묻지.

간단하게 말하면, 인간은 자기의 모든 능력과 가능성을 발휘하고 이용할 수 있을 때 행복한 거야.

아리스토텔레스는 행복에 세 가지 형태가 있다고 믿었어. 첫 번째 형태는 쾌락과 만족을 누리는 삶이야. 두 번째는 자유를 누리는 책임감 있는 시민의 삶이고, 세 번째는 탐험가와 철학자의 삶이지.

아리스토텔레스는 사람이 행복한 삶을 누리기 위해서는 이 세 가지가 모두 같이 있어야 함을 강조했어. 말하자면 그는 우리의 삶이 한 방향으로 치우치려는 경향을 단호히 거부했어. 만일 그가 오늘날 살아 있다면 몸 관리에만 열중하는 사람이나 머리만 쓰며 사는 사람은 둘 다 반쪽 인생을 사는 거라고 말했을 거야. 극단적인 두 경우 모두 잘못된 생활 방식이야.

아리스토텔레스는 덕에 관해서도 '중용의 도'를 지키라고 했어. 우리는 비겁하거나 만용을 부려서는 안 되고 용감해야 해.(용기가 아주 없는 것은 비겁이고, 지나친 용기는 만용이야.) 또 인색해서도 안 되고 사치를 부려서도 안 되며 대범해야 해. (돈에 관해 대범하지 못하면 인색한 것이고, 지나치게 대범하면 사치지.)

먹는 것도 마찬가지야. 지나치게 적게 먹는 것은 위험하며, 너무 많이 먹는 것도 위험해. 플라톤과 아리스토텔레스의 이런 윤리학은 "균형과 절제를 통해서만 행복하고 '조화로운' 한 인간이 될 수 있다."라고 하는 그리스의 의학을 떠올리게 한단다.

정치학

인간이 살아가는 동안 무엇이든 정도를 지나쳐서는 안 된다는 생각은 아리스토텔레스의 사회관에서도 나타나. 아리스토텔레스는 우리에게 사회가 없다면 우리는 결코 올바른 인간일 수 없다고 생각했기 때문에 인간을 '정치적 존재'라고 규정했어. 아리스토텔레스는 가정과 마을은 비교적 낮은 수준의 생활에 필요한 것, 즉 양식과 온기, 그리고 부부 생활과 자녀 양육을 충족해줄 수 있을 뿐이므로 인간 공동체의 최고 형태는 오직 국가라고 했어.

여기서 국가를 어떻게 조직해야 할지 의문이 생기지. (넌 분명 플라톤이 생각한 철학자가 다스리는 나라를 떠올리겠지?) 하지만 아리스토텔레스는 여러 가지 훌륭한 국가의 형태들을 예로 들었어. 그중 하나가 단 한 명의 국가 원수를 수반으로 하는 군주제야. 군주국가가 훌륭하게 실현되려면, 한 사람의 '지배자'가 자기 이익을 위해 국가를 주무르는 독재정치로 전락해서는 안 돼. 그다음으로 든 국가 형태는 귀족제야. 귀족제에는 크고 작은 무리의 통치자들이 존재해. 이러한 국가 형태에서는 오늘날 군사 혁명 위원회 같은 것에서 보듯 몇몇 소수 인물이 통치권을 장악하는 것을 경계해야 해. 세 번째는 민주제야. 그러나 이 민주정치도 나름대로 결점이 있는데 바로 쉽게 중우(衆愚)정치가 될 가능성이 있다는 거야. (독재자 히틀러가 독일의 국가 원수가 되지 않았다 하더라도 수많은 나치들이 이 끔찍한 '중우정치'를 펼칠 수도 있지.)

여성관

　마지막으로 아리스토텔레스의 여성관에 대해 말해볼게. 그의 여성관은 플라톤의 여성관만큼이나 실망스러워서 유감이야. 원래 아리스토텔레스는 여성이란 뭔가 부족한 존재라고 생각했어. 여성을 '불완전한 남성'이라고 생각했거든. 여성은 생식 기능이 수동적이고 남성은 능동적이라는 거야. 그래서 아이는 남성의 특성만을 물려받는다고 믿었어. 아이의 모든 특성은 이미 남성의 정자 속에서 완성된다고 말이야. 여성이 단지 씨앗을 받아서 생산하는 토양이라면, 남성은 씨를 뿌리는 사람이라는 거야. 정말 아리스토텔레스답게 말하자면, 남성은 '형상'을 제공하고 여성은 '질료'를 제공하지.

　다른 문제에서는 그토록 명석했던 아리스토텔레스가 그렇게 그릇된 여성관을 가졌던 건 놀랍고 심지어 슬프기까지 해. 하지만 이건 두 가지 사실을 시사하고 있어. 첫째, 아리스토텔레스는 여자나 아이들의 삶에 대한 경험이 많지 않았어. 둘째, 이것은 남성이 철학과 학문 분야를 독점하면 모든 일이 어떻게 왜곡될 수 있는지 보여주고 있어.

　아리스토텔레스의 그릇된 여성관은 중세에 이르러 지배적인 여성관으로 자리 잡아, 교회마저 아무런 성서적 근거가 없는 그런 여성관을 이어받게 되었어. 예수는 여성을 싫어하지 않았는데 말이야!

여기서 이만 말을 마칠게! 곧 다시 보게 될 거야.

소피는 아리스토텔레스 장(章)을 두 번 읽고 나서 그 편지를 갈색 편지 봉투에 다시 넣고 자기 방을 둘러보았다. 몹시 어수선하다. 바닥에 놓여 있는 책과 파일, 옷장 밖에 널려 있는 양말과 블라우스, 그리고 스타킹과 청바지, 책상 앞 의자에 제멋대로 뒤엉켜 있는 여러 벌의 더러운 옷들.

소피는 방을 꼭 '정돈'해야겠다는 억누를 수 없는 충동을 느꼈다. 맨 먼저 옷장 칸에 있는 옷들을 꺼내 바닥에 내려놓았다. 옷장 정리는 맨 처음이 중요하다. 소피는 옷가지를 모두 잘 접어서 각 칸에 넣는 수고스러운 일을 시작했다. 옷장은 일곱 칸이다. 첫 칸에 내의, 다음 칸에 양말과 팬티스타킹, 세 번째 칸에 긴 바지를 넣었다. 그렇게 차례차례 옷장 안의 모든 칸을 채워나갔다. 어떤 옷가지를 어디에 둘지 조금도 망설이지 않고 빨아야 할 것은 맨 아래 서랍에 있던 비닐봉지에 넣었다.

그런데 흰색 양말이 문제였다. 그 양말은 한 짝이 없을 뿐 아니라 소피의 것도 아니었다.

소피는 그 흰 양말을 잠시 찬찬히 훑어보았다. 이름이 적혀 있는 것도 아니었지만 소피는 그게 누구의 것인지 알 것 같다는 강한 확신이 들었다. 그 양말을 레고 봉지, 비디오테이프, 빨간 실크 스카프와 함께 맨 위 칸에 던져 넣었다.

이제는 방바닥을 치울 차례다. 소피는 책과 파일, 잡지와 포스터를 분류했다. 철학 선생님이 아리스토텔레스 장에서 쓴 것처럼 체계를 세우고 정리정돈하듯 바닥 정리를 끝낸 후, 침대를 치우고 나서 책상을 정돈했다.

마지막으로 아리스토텔레스에 관한 편지를 잘 정리해서 차곡차곡 쌓아둔 편지 위에 올려놓았다. 빈 파일과 펀치를 찾아 편지를 잘 정리해서 끼워 넣고 옷장 위 흰 스타킹이 있는 쪽에 놓았다. 소피는 오후 늦게 동굴에서 과자 통을 가져오려고 했다.

이제부터는 모든 일에 질서를 세울 차례다. 물론 방 안의 물건만 생각한 것은 아니다. 소피는 아리스토텔레스에 관해 읽은 후 여러 개념과 관념도 질서를 지키는 것이 똑같이 중요하다는 것을 알게 되었다. 그리고 소피는 그에 관한 물음을 위해 장롱 위에 있는 칸 하나를 통째로 비워두었다. 그곳은 방 안에서 소피가 아직도 완벽하게 요약할 수 없는 유일한 장소다.

두 시간 전부터 소피 엄마는 영 기척이 없다. 소피는 1층으로 내려갔다. 엄마를 깨우기 전에 동물들에게 먹이를 주어야 했다.

부엌의 어항 위로 몸을 숙였다. 금붕어 하나는 검은색이고 또 하나는 오렌지색, 다른 하나는 흰색과 빨간색이 섞인 것이다. 그래서 소피는 금붕어들을 검은 페터, 황금고수머리, 빨간 모자라고 불렀다. 소피는 금붕어 먹이를 어항에 뿌려주면서 말했다.

"너희는 살아 있는 자연의 일부야. 그러니까 너희는 양분을 섭취할 수 있고, 자랄 수 있고, 번식할 수 있어. 더 정확히 말하자면 너희는 동물계에 속하지. 그래서 움직일 수 있고 방 안을 쳐다볼 수도 있는 거야. 더 자세히 말하면 너희는 물고기야. 그러니까 아가미로 숨을 쉴 수도 있고, 생명의 물속을 이리저리 헤엄쳐 다닐 수 있지."

소피는 금붕어 먹이 상자의 뚜껑을 돌려 닫았다. 자연의 질서 속에 금붕어의 위치는 무척 만족스럽다. 그리고 무엇보다도 '생명의 물'이라는 표현이 마음에 들었다. 이제 잉꼬 차례다. 소피는 새 모이를 사료 통에 부어주고 말했다.

"사랑스러운 톰, 사랑스러운 제리야! 너희는 작고 귀여운 잉꼬 알에서 부화했기 때문에 귀엽고 작은 잉꼬가 되었어. 그리고 잉꼬가 되는 것이 이 알의 '형상'이었기 때문에 너희는 운 좋게도 수다스러운 앵무새가 되지 않은 거란다."

소피는 큰 욕실로 들어갔다. 거기엔 커다란 상자 안에 느림보 거북이가 있다. 소피 엄마가 샤워를 할 때, 세 번 중 한 번은 이 짐승을 언젠가 꼭 내다 버릴 거라고 고래고래 소리를 질렀다. 그러나 아직까진 빈말뿐이었다. 소피는 큼지막한 병에서 샐러드 한 조각을 꺼내 상자에 넣어주었다.

"사랑스러운 고빈다야, 넌 비록 가장 빠른 동물은 아니지만 이 넓은 세상에서 아주 작은 부분을 체험할 수 있는 동물이야. 껍질을 벗어날 수 없는 동물이 너 혼자만은 아니라는 사실에 위로를 받을 수 있잖니."

셰레칸은 분명 바깥에서 쥐 사냥을 하고 있을 것이다. 결국 그게 고양이의 본능이니까. 소피는 거실을 지나 엄마의 침실로 갔다. 소파 탁자 위엔 수선화가 가득한 꽃병이 놓여 있다. 소피가 지나갈 때 노란 수선화들이 경건한 마음으로 인사하는 듯했다. 소피는 잠시 멈춰 서서 두 손가락으로 수선화의 부드러운 머리를 어루만지며 말했다.

"너희 역시 살아 있는 자연의 일부이고, 너희를 담고 있는 병에 비해서 너희는 분명 특권을 가지고 있는 거야. 하지만 가엾게도 그걸 자각할 능력이 없구나."

소피는 엄마의 침실로 살그머니 들어가 깊이 잠든 엄마의 머리 위에 한 손을 올려 놓고 속삭였다.

"엄만 가장 행복한 생물이에요. 들에 핀 백합 같은 식물이 아니고 셰레칸이나 고빈다 같은 동물도 아니고요. 엄마는 사람이니까 생각할 수 있는 드문 능력이 있어요."

"지금 무슨 말을 하는 거니, 소피야?"

엄마는 평상시보다 더 빨리 일어났다.

"그냥, 엄마는 느림보 거북이 같다고요. 더 하려던 얘기는 방을 치워 놨다는 거예요. 철학의 철저함을 본받아 작업했죠."

엄마는 잠자리에서 반쯤 일어나며 말했다.

"곧 나갈 테니 커피를 좀 끓여주겠니?"

그쯤이야 소피도 할 수 있었다. 모녀는 곧 부엌에 앉아 커피와 주스, 코코아를 마셨다. 잠시 후 소피가 물었다.

"엄만 우리가 왜 사는지 생각해본 적 있어요?"

"넌 정말 대충 넘어가는 게 없구나."

"물론이죠, 저는 그 답을 알고 있어요. 이 지구에 사는 누구든지 모든 사물에 이름을 붙여주려 하고 있거든요."

"그래? 난 한 번도 생각해본 적이 없구나."

"그럼 엄만 심각한 문제를 갖고 계신 거예요. 왜냐하면 사람은 생각하는 존재니까요. 생각하지 않으면 엄만 결국 사람이 아니게 되어버려요."

"소피야!"

"이곳에 식물과 동물만 살고 있다고 상상해보세요. 그럼 아무도 '고양이'와 '개', '백합'과 '장미'를 구분할 수 없을 거예요. 식물과 동물도 살고 있지만 오로지 우리 인간만이 자연을 종류와 그룹으로 분류할 수 있으니까요."

이제 엄마가 말했다.

"넌 정말 특이한 딸이구나."

"그렇다면 더더욱 멋질 텐데요."

소피가 입을 열었다.

"사람은 모두 나름대로 어느 정도는 특이하니까 저도 다소 특이하겠죠. 엄마에겐 딸이 저 하나밖에 없으니까 제가 가장 특이한 딸일 거예요."

"난 말이야, 네가 이런…… 얘기로 나를 놀라게 하려는 것 같은 생각이 들어."

"엄마가 너무 쉽게 놀라시는 거예요."

오후 늦게 소피는 다시 동굴로 갔다. 엄마에게 들키지 않고 과자 통을 가지고 방으로 올 수 있었다.

소피는 먼저 편지를 순서대로 정리해서 펀치로 구멍을 뚫고 파일의 아리스토텔레스 장 앞에 끼워 넣었다. 맨 마지막으로 각 편지마다 오른쪽 위에 쪽수를 적어 넣었다. 벌써 50쪽이 넘었다. 소피는 자기만의 철학 책을 만들 참이다. 직접 쓴 것은 아니지만 소피를 위해 특별히 쓰인 책을.

아직 소피는 월요일에 제출할 숙제에 대해서는 생각도 못 하고 있었다. 종교 과목의 연습 문제였던 것 같은데…….

선생님은 언제나 개개인의 적극적인 참여와 각자의 생각이 중요하다고 말했다. 소피는 이 두 가지를 위한 확실한 기초가 서서히 세워지고 있다는 느낌을 갖게 되었다.

헬레니즘

······ 한 줄기 불꽃 ······

이제 철학 선생님은 편지를 직접 덤불숲으로 보냈지만, 월요일 아침에 소피는 오랜 습관대로 우편함을 들여다보았다.

텅 비어 있다. 소피는 아무것도 기대하지 않고 클뢰베르베이엔을 지나는 길로 들어섰다.

그런데 갑자기 길바닥에 떨어져 있는 사진 한 장을 발견했다. 파란 깃발을 단 하얀 지프 사진이다. 깃발에는 'UN'이라는 글자가 적혀 있었다. 유엔기인가?

사진을 뒤집어 보았다. 우편 엽서다. '힐데 묄레르 크나그에게, 소피 아문센 댁······'이라고 쓰인 엽서엔 노르웨이 우표가 붙어 있고 1990년 6월 15일 금요일 자, 유엔 평화 유지군 소인이 찍혀 있다.

6월 15일! 이날은 소피의 생일이다!

엽서에는 이렇게 적혀 있었다.

사랑하는 힐데야! 열다섯 번째 네 생일을 아직도 축하하고 있겠지. 아니면 벌써 생일이 지난 다음일까? 여하튼 그 선물이 얼마나 오래갈지는 별로 중요하지 않아. 어떤 면에서 너는 평생 그 선물의 덕을 볼 테니까. 하지만 지금은 다시 한 번 네 생일을 축하해. 내가 이 엽서를 소피에게 보내는 이유를 이제는 아마 이해하겠지. 소피가 이 엽서를 너에게 전해주리라 믿어.

추신 : 네가 지갑을 잃어버렸다는 말을 엄마가 해주더구나. 내가 150크로네를 보태줄게. 새 학생증은 분명히 여름방학 전에 학교에서 받게 될 거야.

— 사랑을 보내며, 아빠가

소피는 두 발이 땅에 붙어버린 듯 꼼짝 않고 서 있었다. 마지막 엽서에 며칠자 소인이 찍혀 있었지? 6월까진 아직 한 달이 꼬박 남았는데도 소피의 의식 깊은 곳에서 무엇인가가 그 해수욕장 그림엽서에도 6월 소인이 찍혔다고 말해주고 있다. 소피는 자세히 살펴보지 않았었다…….

시계를 보고 집으로 다시 뛰어 올라갔다. 오늘 소피는 분명 지각할 것이다.

문을 열고 자기 방으로 뛰어 올라갔다. 소피는 힐데에게 온 첫 엽서를 방 안의 빨간 실크 스카프 아래에서 찾아냈다. 그런데 그 엽서에도 6월 15일자 소인이 찍혀 있었다. 소피의 생일이자 여름방학이 시작되기 전날이다.

소피는 요룬과 만나기로 한 슈퍼마켓으로 뛰어가면서 골똘히 생각해보았다.

힐데가 누굴까? 힐데의 아빠는 어떻게 소피가 당연히 힐데를 찾아낼 수 있으리라 생각했을까? 어떤 경우라도 엽서들을 자기 딸에게 직접 보내지 않고 소피에게 보낸 건 이해가 되지 않는다. 아빠가 딸의 주소를 모른다는 것은 기본적으로 있을 수 없는 일이기 때문이다. 그러면 이 모든 일이 장난인 걸까? 낯선 소녀를 우편집배원으로 이용해 딸의 생일날, 자기 딸을 놀래주려는 걸까? 그래서 소피가 한 달 먼저 이 엽서를 받은 것일까? 힐데 아빠가 딸에게 새 친구를 생일 선물로 주려고 소피를 연결고리로 삼은 것인가? 그것이 딸이 '평생 간직하게 될' 선물일까?

이렇게 특이한 사람이 정말 레바논에 있다면, 도대체 소피의 주소는 어떻게 찾아냈을까? 이상한 일은 그것뿐이 아니다. 소피와 힐데는 적어도 두 가지 공통점이 있다. 힐데의 생일이 6월 15일이라면 둘은 같은 날에 태어났다. 그리고 둘 다 아버지가 세상을 두루 여행한다는 점이다.

소피는 마법의 세계로 끌려 들어간 것 같았다. 어쩌면 운명을 믿는 것도 그렇게 어리석은 일은 아닐지도 모른다. 그래, 너무 성급하게 결론을 내릴 문제가 아니다. 이 모든 일이 자연스럽게 밝혀질 수도 있으니까. 그런데 어떻게 알베르토 크녹스 철학 선생님이 릴레산에 사는 힐데의 지갑을 발견했을까? 여기서 100킬로미터도 더 떨어진 그곳에서 말이다. 또 어떻게 소피가 그 우편엽서를 길에서 발견하게 됐을까? 우편집배원이 소피네 우편함에 도착하기 전, 엽서가 그의 가방에서 떨어진 걸까? 하지만 왜 하필이면 이 엽서를 잃어버렸을까?

"너 완전 미쳤구나!"

슈퍼마켓 근처에서 소피를 발견한 요룬이 소리쳤다.

"미안해."

요룬이 소피를 학교 선생님처럼 무섭게 쳐다보았다.

"왜 그랬는지 설명해봐!"

"그건 유엔과 관계된 일이야. 난 레바논에서 적군 민병대에게 억류당했었어."

"참나, 넌 그냥 사랑에 빠졌을 뿐이야."

소피와 요룬은 학교를 향해 힘껏 달렸다.

소피가 공부해 오지 않은 종교 과목 시험이 셋째 시간에 시작되었다. 시험지에는 다음과 같이 적혀 있었다.

인생관과 관용

1. 인간이 알 수 있는 것의 목록을 작성하시오. 그리고 우리가 믿을 수밖에 없는 것의 목록을 작성하시오.

2. 한 인간의 인생관을 규정하는 몇 가지 요인을 적으시오.

3. 양심이란 무슨 뜻인가? 모든 인간이 동일한 양심을 지니고 있다고 생각하는가?

4. 가치 우위란 무슨 뜻인가?

답안지를 작성하기에 앞서 소피는 오랫동안 곰곰이 생각해보았다. 여기서 알베르토 크녹스 선생님에게 배운 것을 써먹을 수 있지 않을까? 하기야 그럴 수밖에 없다. 소피는 며칠 전부터 종교 책은 한 번도 들여다보지 않았으니까. 소피가 답안을 쓰기 시작하자 머릿속에서 문장들이 술술 흘러나왔다. 소피는 이렇게 썼다.

"우리는 달이 커다란 치즈가 아니고, 뒷면에 분화구가 있으며, 소크라테스뿐만 아니라 예수도 사형을 언도받았고, 일찍이든 나중이든 인간은 죽을 수밖에 없으며, 아크로폴리스의 커다란 신전은 기원전 400년경 페르시아전쟁 후에 지어졌고, 가장 중요한 그리스의 신탁은 델포이의 신탁이었음을 알 수 있다."

믿음의 문제에 대해서 소피는 다음과 같은 것들을 예로 들었다.

"다른 행성에는 생명체가 있는가 없는가, 유일신이 존재하는가 존재하지 않는가, 죽은 후의 삶이 있는가 없는가, 예수는 신의 아들인가 단지 현명한 인간이었을 뿐인가. 어쨌든 우리는 이 세상이 어디에서 왔는지 알 수 없다. 우주는 커다란 마술사의 모자에서 끄집어낸 거대한 토끼와 비교할 수 있다. 철학자들은 위대한 마술사를 보기 위해 토끼 가죽의 가느다란 털 하나를 붙잡고 위로 기어오르려고 한다. 그들의 성공 여부는 알 수 없는 문제다. 그러나 한 철학자가 다른 철학자의 등에 올라탄다면, 하얀 토끼 가죽에서 점점 더 높이 올라갈 것이다. 그럴 경우 내 개인적 생각으론 언젠가 분명히 그 일을 해낼 수 있다."

이렇게 결론을 내리고, 다음 내용을 추가했다.

"추신 : 우리는 성서 속에서 토끼 가죽의 가느다란 털 중 하나에 관해 읽을 수 있다. 이 털은 바벨탑이라고 불렸고, 곧 무너져 내렸다. 왜냐하면 마술사는 자기가 창조한 흰 토끼에서 인간들이 기어오르는 것을 언짢게 생각했기 때문이다."

이제 다음 질문에 답할 차례다.

'한 인간의 인생관을 규정하는 몇 가지 요인을 적으시오.'

"이것에 관해서라면 물론 교육과 환경이 중요한 요인이다. 플라톤 시대에 살던 사람들은 지금과 다른 시대와 환경 속에서 살았기 때문에 오늘날 사람들과는 인생관이 달랐다. 그 밖에도 사람이 어떤 경험을 얻었는지가 중요하다. 하지만 인간의 이성도 인생관을 결정하는 데 중요한 역할을 한다. 그리고 이성은 환경에 의해 규정되지 않는다. 그것은 모든 사람에게 공통된 것이기 때문이다. 아마 세상 사람들은 환경이나 사회적 관계를 플라톤의 동굴 속의 지배적 상황들과 비교할 수 있었을 것이다. 이성을 통하여 개인은 동굴의 어둠에서 벗어나 위로 올라갈 수 있다. 그러나 그렇게 옮겨 가기 위해서는 상당한 용기가 필요하다. 소크라테스는 이성의 도움으로 그 시대의 지배적인 견해에서 벗어난 좋은 예다."

끝으로 소피는 다음과 같이 적었다.

"오늘날 서로 다른 나라와 문화권에 속하는 사람들이 더욱더 밀접한 관계를 맺고 있다. 그 때문에 같은 아파트 건물에 기독교도, 이슬람교도, 불교도가 함께 살 수도 있다. 그리고 그럴 경우에는 왜 모든 사람이 같은 신앙을 가질 수 없는지 묻기보다는 다른 사람의 신앙에 대해 관용을 베푸는 것이 더 중요하다."

소피는 자기가 철학 선생님에게 배운 것보다 스스로 한 걸음 더 나아갔음을 느낄 수 있었다. 그러니까 소피는 한 사람 몫의 타고난 이성에다, 다른 맥락에서 듣고 읽은 것까지도 덧붙일 수 있었다.

세 번째 문제를 읽어 내렸다.

'양심이란 무슨 뜻인가? 모든 인간이 동일한 양심을 지니고 있다고 생각하는가?'

이 문제에 관해서는 반 친구들과 많이 얘기했었다. 소피는 답을 써 내려갔다.

"양심이란 옳고 그름에 반응하는 인간의 능력이다. 인간은 모두 이런 능력이 있다. 다시 말해 양심은 타고나는 것이다. 소크라테스도 같은 말을 했다. 그러나 구체적으로 양심이 하는 말은 사람에 따라 크게 다를 수 있다. 이 점에 대해서는 소피스트들이 사태의 본질을 바르게 꿰뚫어 본 것일 수도 있다. 소피스트들은 각 개인이 자라온 환경이, 그가 옳다고 여기는 것과 그르다고 여기는 것을 결정한다고 믿었다. 그에 반해 소크라테스는 모든 인간의 양심은 같다고 생각했다. 둘 다 옳을지도 모른다. 사람들이 벌거벗고 돌아다닌다고 해서 모든 사람들이 양심의 가책을 느끼는 것은 아니지만, 그래도 사람들은 다른 사람을 학대할 때 대부분 양심의 가책을 느낀다. 뿐만 아니라 양심이 있다는 것과 양심에 따라 행동하는 것은 별개의 일임을 강조하고 싶다. 내 생각엔 특정 상황에서 인간이 아주 비양심적으로 행동하는 듯 보일 수 있지만, 그런 인간들에게도 잘 보이진 않지만 일종의 양심이 있다. 마찬가지로 전혀 이성이라곤 없는 것처럼 보이는 인간들이 많지만 그것은 그들이 이성을 사용하지 않는 데 원인이 있다.

추신 : 이성과 양심은 근육과 비교할 수 있다. 근육을 이용하지 않으면 서서히 약해져 이완되고 만다.”

이제 한 문제만 남았다.

'가치 우위란 무슨 뜻인가?'

이 문제에 대해서도 요즘에 많이 이야기했다. 예를 들어 어떤 장소에서 다른 장소로 빨리 가기 위해 차를 타는 것은 그 자체로 가치 있는 일일 수 있다. 그러나 자동차 이용이 숲을 죽게 만들고 자연에 나쁜 영향을 끼친다면, 우리는 '가치를 선택'하는 문제에 맞닥뜨리게 된다. 골똘한 생각 끝에 소피는 확신을 얻었다. 즉 건강한 숲과 깨끗한 자연이 빨리 출근하는 일보다 더 중요하다고 말이다. 소피는 다른 예시들을 몇 가지 더 제시했다. 그리고 결론을 써 내려갔다.

"내 생각에는 철학이 영어 문법보다 더 중요하다. 따라서 철학 과목을 시간표에 포함시키고 영어 시간을 줄인다면, 합리적인 가치 우위일 것이다."

마지막 쉬는 시간에 선생님은 소피를 따로 불렀다.

"네 종교 시험 답안지 읽었어. 거의 맨 위쪽에 있었거든."

"제 답안지가 선생님 마음에 들었으면 좋겠어요."

"그것에 관해 너와 좀 더 얘기를 하고 싶어. 여러 가지 면에서 넌 아주 어른스러운 답을 썼어. 놀랄 만큼 어른스러웠어. 게다가 아주 독창적이야. 그런데 숙제는 했니?"

소피는 주저주저했다.

"선생님은 개인의 생각이 중요하다고 하시지 않았어요?"

"물론 그랬지, 하지만 거기엔 한계가 있어."

이제야 소피는 선생님의 눈을 제대로 쳐다보았다. 지난 며칠 동안 체험한 모든 일들을 인정받을 수 있으리라 생각했다.

"전 철학을 공부하기 시작했어요. 철학 공부가 주체적 생각을 갖는 데에 좋은 기초가 되어주고 있어요."

소피가 말했다.

"네 답안에 점수를 매기기가 쉽지 않을 것 같아. 엄밀히 말하자면 난 A 아니면 F를 줄 수밖에 없단다."

"제가 완전히 옳거나 완전히 틀린 대답을 했기 때문인가요? 그렇게 생각하세요?"

선생님이 말했다.

"우리 A로 하자. 하지만 다음엔 숙제를 꼭 해야 해."

소피는 이날 오후 수업이 끝나고 집에 오자마자 책가방을 층계에 던져두고 곧장 동굴로 향했다.

동굴 속 굵은 그루터기 위에 갈색 편지봉투가 놓여 있었다. 가장자리는 완전히 말라 있었다. 헤르메스가 벌써 한참 전에 왔다 간 것이 틀림없다.

소피는 편지봉투를 가지고 집으로 돌아왔다. 먼저 동물들에게 먹이를 주고 나서 자기 방으로 올라갔다. 침대에 누워 알베르토 선생님의 편지를 읽기 시작했다.

헬레니즘

다시 만나서 반가워! 너는 이미 자연철학자들, 소크라테스, 플라톤, 아리스토텔레스에 대해 들었지. 그것으로 넌 유럽 철학의 기초를 알게된 거야. 지금까지는 흰 편지봉투로 예비 지적 훈련을 받은 거야. 숙제와 시험은 학교에서 충분할 수 있을 것 같구나.

이제 네게 기원전 4세기 말의 아리스토텔레스부터 서기 400년경의 중세 초기까지의 긴 기간에 대해 이야기하려고 해. 우리가 '기원전'과 '서기'를 쓰고 있다는 건 알고 있지? 이 시기의 가장 중요하고 특이한 것중 하나는 바로 기독교야.

아리스토텔레스는 기원전 322년에 죽었고, 그사이 아테네는 주도적역할을 상실하고 있었어. 그것은 무엇보다도 알렉산드로스 대왕(기원전

356년~기원전 323년)의 정복 결과로 생긴 거대한 정치적 변혁과 연관이 있어.

알렉산드로스 대왕은 마케도니아의 왕이었어. 아리스토텔레스 역시 마케도니아 출신이며, 얼마 동안 어린 알렉산드로스의 선생님이었지. 알렉산드로스는 페르시아와 싸워 최후의 결정적인 승리를 거두었어. 그리고 한 가지 덧붙이자면, 수많은 출정을 통해 이집트와 인도에 이르는 오리엔트 전체를 그리스 문명과 연결시켰어.

이렇게 인류사에 완전히 새로운 시대가 시작됐어. 즉 그리스 문화와 그리스어가 지배적인 역할을 하는 국제적인 공동체가 생겨난 거야. 대략 300년간 지속된 이 시기를 종종 헬레니즘 시대라고 부르지. 헬레니즘이란 당시 세 개의 큰 지역인 마케도니아, 시리아, 이집트에서 융성했던 그리스 문화를 뜻해.

대략 기원전 50년경부터 로마가 정치적 · 군사적 패권을 넘겨받았어. 이 새로운 강대국이 헬레니즘 제국들을 차례로 모두 정복하고 나자, 그때부터 로마 문화와 라틴어가 서쪽의 스페인에서부터 아시아까지 깊숙이 파고들며 지배적 문화와 언어가 되었지. 이와 더불어 로마 시대가 시작되었어. 고대 후기라고 말하기도 한단다. 그러나 한 가지 주의해야 할 것이 있어. 로마인들이 헬레니즘 세계를 정복하기 전에 로마 자체는 그리스의 문화적 식민지가 되어 있었기 때문에 그리스가 정치적 힘을 상실한 뒤에도 그리스 문화와 그리스 철학은 여전히 중요한 역할을 할 수 있었지.

종교와 철학과 과학

 헬레니즘은 여러 나라와 문화의 경계가 사라짐으로써 형성되었어. 이전에는 그리스인, 로마인, 이집트인, 바빌로니아인, 시리아인, 페르시아인들이 각기 고유한 종교적 틀에서 자기들의 신을 숭배했지만 이제 여러 문화들이 종교적·철학적·과학적 관념으로 이루어진 단 하나뿐인 마녀의 큰 가마솥에서 뒤섞이게 된 거야.

 도시의 장터가 세계적 규모의 광장으로 대치되었다고나 할까. 예전의 시장에서도 갖가지 물건 혹은 서로 다른 생각과 이념들을 파는 목소리들이 뒤엉킬 때가 있었는데, 이제 그 시장이 새롭게 전 세계의 물건과 이념으로 가득 찬 거야. 그래서 목소리도 갖가지 언어로 뒤엉켰지.

 그리스의 관념들은 고대 그리스 지역을 훨씬 벗어나 멀리까지 영향을 주었는데 이제는 지중해 전역에서 거꾸로 동방의 신들을 숭배했어. 신과 종교적 관념들을 옛 문화권에서 빌려온 새로운 종교가 몇 가지 생겨났어. 우리는 이걸 싱크리티즘(Syncretism)이라고 한단다.

 예전 사람들은 자기가 민족과 국가에 결속되어 있다고 믿었어. 그러나 민족과 국가 사이의 경계가 점점 사라지면서 많은 사람들이 인생관에 의구심과 불안을 느끼게 되었어. 고대 후기는 어디서나 종교적 의구심, 문화적 해체, 비관주의가 문화를 지배했지. 사람들은 "세계는 낡았다."라고 말했어.

 이 시기에 생겨난 새로운 종교는 공통적으로 죽지 않고 살 수 있는 방법을 가르쳤어. 이러한 가르침의 대부분은 비밀스러웠지. 비밀결사의 회원이 되어 특정 종교의식에 참여하는 사람은 영혼이 죽지 않고 영생

할 수 있다는 희망을 가졌어. 이때 영혼을 구원하기 위해서는 우주의 진정한 본질을 확실히 이해하는 것이 종교의식만큼 중요했어.

일반적으로 헬레니즘 철학은 딱히 독창적이진 않았어. 새로운 플라톤이나 아리스토텔레스가 나타나지도 않았지. 대신 앞으로 짤막하게 소개하겠지만, 위대한 아테네의 세 철학자가 이제 여러 철학의 흐름에 중요한 영감을 주는 원천이 되었어.

헬레니즘의 과학 역시 여러 문화적 경험의 혼합으로 특징지을 수 있어. 이 부문에서는 이집트의 도시 알렉산드리아가 동방과 서방의 교차지점에서 중요한 역할을 해냈지. 플라톤과 아리스토텔레스가 남긴 철학 학교들로 아테네가 철학의 수도 역할을 하는 동안, 알렉산드리아는 과학의 중심지가 되었단다. 거대한 도서관과 더불어 이 도시는 수학, 천문학, 생물학, 의학의 중심이 되었지.

헬레니즘 문화는 오늘날의 우리 세계와 비슷해. 20세기 역시 점점 더 개방된 국제 공동체가 특징을 이루고 있잖니. 우리가 사는 시대에도 종교와 인생관이 크게 변했고. 서기가 시작될 무렵 그리스인, 이집트인, 그리고 오리엔트인이 가졌던 신에 대한 관념을 로마에서 모두 접할 수 있었듯이, 20세기 말을 사는 우리는 유럽의 각 도시에서, 모든 대륙에서 발달한 종교적 관념들을 만날 수 있어.

종교와 철학과 과학, 이 세 분야에서 옛것과 새것의 혼합이 '세계관의 장터'에서 선보일 새로운 상품의 기초를 어떻게 형성할 수 있었는지는 지금 시대에도 볼 수 있어.

이처럼 '새로운 지식' 거의 대부분은 실제로 헬레니즘까지 거슬러 가야 그 뿌리를 확인할 수 있는 오랜 사상의 핵심에서 유래된 거야.

앞에서도 말했듯이 헬레니즘 철학은 소크라테스, 플라톤, 아리스토텔레스가 제기한 문제들을 더 자세히 다루었어. 그들 철학의 공통점은 '인간이 어떻게 하면 최선을 다해 살다 죽을 수 있는지', 그 질문에 해답을 찾고자 했다는 거야. 이렇게 해서 윤리학이 하나의 안건이 되었어. 윤리학은 새로운 국제 공동체의 가장 중요한 철학적 구상이 되었지. 문제는 어디에 진정한 행복이 있고, 어떻게 진정한 행복에 도달할 수 있느냐는 거야.

이런 철학의 흐름들 가운데서 네 가지만 살펴보자.

키니코스학파

언젠가 소크라테스가 시장에서 많은 물건들을 진열한 가게 앞에 서 있었어. 그가 갑자기 버럭 소리를 지르며 이렇게 말했어.

"아테네 사람들이 살면서 얼마나 많은 물건이 필요한지 좀 보시오!"

물론 소크라테스 자신은 거기 있는 물건들이 필요 없다는 말이었지.

기원전 400년경 아테네에서 안티스테네스가 창시한 키니코스(Cynicos) 철학은 소크라테스의 이런 태도에서 출발했어. 안티스테네스는 소크라테스의 제자였고.

키니코스학파 철학자들은 진정한 행복이 물질적 사치, 정치적 권력, 건강과 같은 외적인 것에 있지 않다고 강조하고, 도리어 그렇게 우연하고도 쉽게 사라지는 것에 의존하지 않는 것 자체가 참된 행복이라고 했어. 행복이 그런 것들에 달려 있는 것이 아니기 때문에 누구나 행복을 얼을 수 있는 거야. 그래서 한번 진정한 행복을 이루면 다시는 잃어버릴 수 없지.

가장 잘 알려진 키니코스학파 철학자는 안티스테네스의 제자인 디오게네스야. 그는 평생 거리의 통 안에서 살면서 옷 한 벌, 지팡이 하나, 빵주머니 하나 외에 아무것도 가지려 하지 않았다고 해. (그러니 그에게서 행복을 빼앗기란 좀처럼 쉬운 일이 아니었지!) 언젠가 그가 알렉산드로스 대왕이 방문했을 때 바로 통 앞, 양지바른 곳에서 햇볕을 쬐고 있었어. 알렉산드로스 대왕이 이 현자 앞으로 다가가 무엇을 원하는지 묻고, 당장 그 소원을 이루어주겠다고 했더니 디오게네스는 알렉산드로스 대왕이 자기 앞에 비치는 태양빛을 가리지 않기를 바란다고 대답해 자기가 위대한 최고 통치자보다 더 부유하고 더 행복하다는 것을 보여주었단다. 디오게네스는 원하는 것을 모두 가지고 있었으니까.

키니코스학파 철학자들은 인간이 건강 때문에 근심할 필요가 없다고 생각했어. 고통과 죽음조차 인간을 슬프게 하지 않는다는 말이지. 게다가 다른 사람의 고통에 대한 근심으로 자신을 괴롭히지 말라고 했어. 오늘날 우리가 '냉소적인(cynical)', '냉소주의(cynicism)'라는 낱말은 키니코스학파의 이런 측면, 즉 '타인의 고통에 대한 무감각'에서 유래한 거야.

스토아 학파

키니코스학파 철학자들은 기원전 300년경 아테네에서 발생한 스토아 철학에 큰 영향을 주었어. 스토아 철학의 창시자는 원래 키프로스 출신으로, 난파를 당한 후 아테네의 스토아 학파에 가담하게 된 제논이야. 그는 주랑(柱廊) 앞에서 청중을 모았어. 그래서 스토아 학파라는 명칭도 '기둥'을 뜻하는 '스토아'라는 그리스어에서 유래한 거야. 스토아주의는 훗날 로마 문화에 중요한 의미를 갖게 되지.

헤라클레이토스처럼 스토아 학자들은 모든 인간이 동일한 세계 이성 또는 동일한 '로고스'에 참여하고 있다고 생각했단다. 그들은 개인을 세계의 축소판, 즉 '대우주'에 대응하는 '소우주'로 간주했어.

이러한 생각은 보편타당한 권리, 이른바 자연권 사상에까지 미치게 되었어. 자연권은 시공을 초월한 인간과 우주의 이성에 근거하기 때문에 때와 장소가 바뀌어도 변하지 않는단다. 이런 점에서 스토아 학자들은 소피스트에 반대하고 소크라테스 편에 선 거야.

이 자연권은 모든 인간에게, 즉 노예에게도 적용돼. 그리고 여러 국가의 법률은 스토아주의자들에겐 자연에서 생겨난 법의 불완전한 모방으로 여겨졌지.

스토아 학자들은 개인과 우주의 차이를 없애듯이 '정신'과 '질료'의 대립도 부인했어. 오로지 하나의 자연만 존재한다고 생각했는데, 그런 견해를 일원론이라고 해. (이는 현실을 양분한 플라톤의 이원론과는 상반되는 것이지.)

스토아 학자들은 시대의 진정한 총아이며 탁월한 '세계 시민'이었으므로 동시대의 문화에 대해서는 '통 철학자들'이라 불리던 키니코스 학자들보다 더 개방적이었어. 그들은 인간의 공동체적 삶을 중요시하고 정치에 관심을 보였어. 그들 가운데 몇몇은 적극적인 정치가였는데, 예를 들면 로마 황제 마르쿠스 아우렐리우스(121년~180년)가 그중 한 사람이야. 로마에서 그리스 문화와 철학을 전파하는 데 크게 기여한 사람으로 특히 연설가이자 철학자이며 정치가였던 키케로(기원전 106년~기원전 43년)를 꼽을 수 있어. 그는 개인을 중심에 두는 '인문주의'라는 세계관을 세웠어. 그 뒤를 이어 스토아 학자인 세네카(기원전 4년~65년)는 "인간은 인간으로서 신성하다."라고 썼지. 이 말은 후세 사람들에게 일종의 인문주의 표어가 되었어.

그 밖에도 스토아 학자들은 질병이나 죽음과 같은 모든 자연 진행 과정이 변치 않는 자연법칙을 따른다고 힘주어 말했지. 그래서 인간은 자기의 운명과 화해할 줄 알아야만 한다고 여겼어. 이들은 우연히 일어나는 일은 아무것도 없다고 생각했어. 모든 일은 필연적으로 발생하는 것이니만큼, 운명이 문을 두드릴 때 자기의 곤경을 한탄해봤자 별 도움이 되지 않으며, 인생의 행복한 상황들도 아주 태연하게 받아들여야 한다고 보았지. 이것은 외적인 것을 모두 도외시한 키니코스 학자들과 유사해. 지금까지도 인간이 사사로운 감정에 휩싸이지 않을 때 동요하지 않는다는 뜻으로 '스토아적 태연함'이란 표현을 쓰고 있단다.

에피쿠로스학파

앞서 살펴본 것처럼 소크라테스는 어떻게 인간이 유덕하게 살 수 있는지, 그 해답을 찾으려 노력했어. 키니코스 학자와 스토아 학자들은 인간이 물질적인 사치에서 벗어나야 한다는 정도로 소크라테스의 사상을 풀이했어. 그러나 소크라테스의 제자 아리스티포스는 가능한 한 많은 감각적인 향락을 누리는 것을 인생의 목표로 간주했단다. 최고선은 쾌락이고, 최대 악은 고통이라고 말했지. 그래서 그는 고통을 피할 수 있는 여러 가지 처세술을 개발하려 했지. (키니코스 학자와 스토아 학자들의 목표는 고통의 모든 형태들을 참고 견디어내는 것이었던 것과 달리 아리스티포스의 목표는 고통을 피하기 위해 노력하는 것이었어.)

기원전 300년경 에피쿠로스(기원전 341년~기원전 270년)는 아테네에서 에피쿠로스학파를 창시했어. 그는 아리스티포스의 쾌락의 윤리학을 계속 발전시켜 데모크리토스의 원자론과 결합시켰지.

에피쿠로스학파 철학자들은 한 정원에서 만났기 때문에 그들을 '정원 철학자들'이라고 불렀단다. 그 정원문 위에는 "이방인이여, 여기서 너는 행복해질 것이다. 이곳에선 쾌락이 최고선이다." 라고 적혀 있었다고 해.

에피쿠로스는 쾌락을 얻으려고 한 행위의 결과를, 경우에 따라서 일어날지도 모르는 부작용과 늘 비교해야 한다는 점을 분명히 해두었어. 만일 네가 초콜릿을 너무 많이 먹은 적이 있다면 내 말 뜻을 이해하겠지. 그런 경험이 없다면 다음과 같은 숙제를 내주겠어. 저금통을 가지고 가서 100크로네어치(현재 물가로 약 10만 원-옮긴이)의 초콜릿을 사. (네가 초콜릿을 즐겨 먹는다고 가정해서 말이야). 이 숙제에서는 네가 그 초콜릿을 한꺼번에 먹어치우는 것이 중요해. 그 비싼 초콜릿을 다 먹어치운 후 30분 정도 지나면 에피쿠로스가 말한 '부작용'을 이해하게 될 거야.

또 에피쿠로스는 단기간에 얻은 쾌락의 결과를, 장기적 안목으로 좀 더 지속적이거나 집중적인, 더 큰 쾌락과 비교해보려고 했단다. (예컨대 네가 새 자전거를 사거나 외국 여행을 가려고 용돈을 모두 저축하느라고 1년간 초콜릿을 먹지 않기로 결심한다고 생각해볼 수 있겠지.) 이렇게 인간은 동물과 달리 자기 인생을 계획할 수 있고 '쾌락을 계산'할 능력이 있어. 맛있는 초콜릿을 먹는 것도 가치가 있지만 자전거를 사거나 외국 여행을 하는 것도 물론 의미 있는 일이지.

또한 에피쿠로스는 '쾌락'이 감각적인 향락과 무조건 같지는 않다고 강조했어. 우정을 돈독히 하고 예술 작품을 감상하는 것 역시 초콜릿처럼 우리에게 쾌락을 줄 수 있어. 그런데 인생을 즐기기 위해서는 먼저 절제와 중용 그리고 마음의 평정 같은 오랜 그리스적 이상이 조건으로 갖추어져 있어야만 해. 왜냐하면 욕망은 통제되어야 하기 때문이지. 이런 식으로 우리에게도 마음의 평정은 고통을 견디는 데 도움이 될 거야.

에피쿠로스의 정원을 찾는 사람들 중에는 종종 종교적 불안에 휩싸인 사람들도 있었어. 이런 점에서 볼 때 데모크리토스의 원자론은 종교와 미신에 대응하는 유용한 수단이었지. 선한 삶을 영위하기 위해서는 죽음에 대한 불안을 극복하는 것이 특히 중요하단다. 이 문제에서 에피쿠로스는 데모크리토스의 '영혼 원자' 이론에 의존했어. 소피야, 우리가 죽으면 '영혼 원자'가 사방으로 흩어지기 때문에 데모크리토스는 죽음 뒤의 삶을 믿지 않았다는 것 아직 기억하지?

"우리가 왜 죽음을 두려워해야 하나?"

에피쿠로스가 말했어.

"우리가 존재하는 한 죽음은 현존하지 않으며, 죽음이 현존할 경우, 우리는 더 이상 존재하지 않는데."

(그렇게 보면 죽는 것은 본래 누구에게도 고통을 준 적이 없다고 할 수 있지.)

에피쿠로스는 직접 자기의 해방 철학을 네 가지 치유법으로 요약했어.

우리는 신들을 두려워할 필요가 없다.

죽음에 대해서 전혀 근심할 필요도 없다.

선은 쉽게 얻을 수 있다.

두려움은 견뎌내기 쉽다.

철학자의 사명과 의사의 사명을 비교하는 것은 그리스에선 전혀 새로운 일이 아니었단다. 그런 비교에 따르면 인간은 위에서 말한 네 가지 중요한 약을 갖춘 '철학 여행용 구급 상자'를 준비해야 해.

스토아 철학자들과 달리 에피쿠로스 철학자들은 정치와 사회문제에 별로 관심을 보이지 않았단다. "숨어서 살아라!" 하는 것이 에피쿠로스의 조언이었지. 그들의 정원을 오늘날의 생활공동체와 비교할 수 있을 거야. 우리 시대에도 많은 사람들이 이 거대한 사회에서 안전한 섬이나 '피난 항구'를 찾고 있지.

에피쿠로스를 계승한 에피쿠로스학파 학자들은 일방적 향락을 추구하는 방향으로 나가게 되었단다. 그들의 모토는 "지금을 만끽하라!"였지. 오늘날, '에피쿠로스주의자'라는 말은 곧잘 나쁜 의미에서 '향락지상주의자'를 가리키는 말로 쓰이고 있어.

신플라톤주의

키니코스학파, 스토아학파, 에피쿠로스학파가 소크라테스의 이론에 토대를 두었다는 걸 살펴보았어. 그 밖에도 소크라테스 이전 철학자인

데모크리토스와 헤라클레이토스 이론으로까지 거슬러 올라갔지. 반면에 고대 후기에 접어들어 가장 주목할 만한 철학의 흐름은 무엇보다도 플라톤의 이데아론에서 영감을 받은 신플라톤주의야.

신플라톤주의자 가운데 제일 중요한 철학자는 플로티노스(205년경~270년경)야. 그는 알렉산드리아에서 철학을 공부하고 나중에 로마로 갔단다. 그가 이미 몇 세기 전에 그리스 철학과 오리엔트 신비주의의 거대한 교차 지점이었던 도시 알렉산드리아 출신이라는 것에 주목할 필요가 있어. 플로티노스는 자기 나름의 구원론을 로마로 들여왔는데, 그의 구원론은 당시 차츰 세력을 얻어가던 기독교와 쌍벽을 이루는 중요한 경쟁 상대가 되었다고 해. 하지만 신플라톤주의는 역시 기독교의 신학에도 막대한 영향을 미쳤지.

플라톤의 이데아론 기억나지, 소피야? 그가 이데아 세계와 감각 세계를 구분했다는 것도 말이야. 그렇게 플라톤은 인간의 영혼과 육체도 엄격히 구분했기 때문에 인간은 이중적 존재로 인식되었지. 플라톤에 따르면 우리의 육체는 감각 세계의 다른 만물이 그렇듯이 흙과 먼지로 이루어져 있지만, 우리는 불멸하는 영혼도 지니고 있어. 물론 이러한 관념은 이미 플라톤 이전에 오랫동안 그리스에 널리 퍼져 있었어. 플로티노스는 그 밖에 이와 유사한 아시아의 관념들을 잘 알고 있었지.

플로티노스는 세계가 양극 사이에 고정되어 있다고 생각했어. 한끝에는 플로티노스가 하나[一者]라고 이름 붙인 신의 빛이 있는데, 그는 때때로 그 빛을 신이라고도 했어. 다른 끝에는 '하나'의 빛이 닿지 못하는 절대적 어둠이 지배하고 있다고 보았지. 그러나 플로티노스에겐 이 어둠이 근본적으로 절대 존재하지 않는다는 사실이 중요했어. 그의 생각에 따르면, 어둠은 단지 빛이 없는 상태일 뿐이야. 물론 어둠은 존재하지 않아. 존재하는 유일한 것은 '신' 또는 '하나'지. 그러나 빛의 원천이 어둠 속에서 점차 사그라지듯, 어느 지점에서는 신의 빛들이 미치는 범위 역시 한계에 도달하게 돼.

플로티노스에 따르면 질료는 본래 존재가 없는 어둠인 반면에, '하나'의 빛은 영혼을 비추고 있으며 자연 속의 형상들도 이 '하나'를 약하게나마 반영하고 있어.

소피야! 한밤중에 이글이글 타오르는 큰불을 상상해봐. 사방으로 튀고 있는 불꽃을. 불은 불을 에워싼 넓은 주변을 훤히 밝히겠지. 또 몇 킬로미터 떨어진 곳에서도 그 불빛을 볼 수 있어. 좀 더 멀리 가보더라도 여전히 한밤중의 흐릿한 가로등처럼 깜빡이는 아주 작은 빛을 볼 수 있어. 이제 그 불에서 더 멀어지면 전혀 빛을 볼 수 없게 돼. 어느 지점에선가 밤을 밝히던 그 불빛이 사라져버리고, 너무 어두워지면 우리는 아무것도 보지 못하게 돼. 그러면 그림자도 없고 윤곽도 없어지지.

이제 현실을 그런 불꽃에 빗대어 상상해보자. 타오르는 불은 신이고 외부의 어둠은 인간과 동물로 이루어진 차가운 질료란다. 신 이외에도 모든 창조물의 원형인 영원한 이데아들이 있어. 특히 인간의 영혼은 '불꽃의 불씨'야. 하지만 자연 어디에나 신성한 빛의 일부가 비치고 있어. 우리는 모든 살아 있는 존재에게서 그것을 볼 수 있지. 그래서 한 송이 장미나 초롱꽃도 신적인 광휘(光輝)를 지니고 있단다. 그에 비해 흙과 물과 돌은 살아 있는 신으로부터 가장 멀리 떨어져 있지.

내 말은 우리가 두 눈으로 볼 수 있는 만물 속에 성스러운 신비가 깃들어 있다는 거야. 한 송이 해바라기나 양귀비꽃에게서 신성한 빛이 번쩍

이고 나뭇가지에 앉았다 날아가는 한 마리 나비에게서 아니면 어항에서 헤엄쳐 다니는 금붕어에게서도 헤아리기 어려운 신비를 더 느낄 수 있어. 그러나 우리는 우리의 영혼 속에서 신에게 가장 가까이 다가갈 수 있어. 우리는 오로지 영혼 속에서 거대한 인생의 비밀과 하나가 될 수 있지. 바로 그거야. 우리는 매우 드문 순간에 우리 자신을 이렇게 성스럽고 신비로운 것으로 체험할 수 있단다.

플로티노스가 영혼을 한 줄기 불꽃에 비유한 것은 플라톤의 '동굴의 비유'를 떠오르게 해. 동굴 입구에 가까이 갈수록 모든 존재의 근원에 더 가까워지게 되지. 그러나 플라톤이 명확히 현실을 양분한 것과는 달리, 플로티노스가 보여준 사고의 과정은 전체성 체험이 특징이야. 모든 것은 하나야. 왜냐하면 모든 것이 신이기 때문이지. 플라톤의 동굴 안에서 어른거리는 그림자도 플로티노스에게는 신적인 '하나'의 흐릿한 반영인 셈이지.

플로티노스가 자기의 영혼이 신과 융합된 것을 체험한 것은 일생 동안 몇 번밖에 되지 않았어. 이걸 신비주의 체험이라고 해. 플로티노스만이 이를 체험한 것은 아니었어. 어느 시대와 문화를 막론하고 많은 사람들이 신의 체험을 이야기해왔어. 자신들이 겪은 체험을 각기 다르게 기술하고 있긴 해도 중요한 공통점이 많아. 그 공통점 가운데 몇 가지를 살펴보자.

신비주의

신비주의 체험은 사람이 신이나 '세계 영혼'과 하나가 되는 경험을 뜻해. 많은 종교는 신과 인간 사이에 심연이 있어서 양자를 갈라놓고 있다고 주장해. 반면에 신비주의자는 이러한 심연을 체험하지 않고 남자든 여자든 '신에 동화'되는 경험을 직접 겪게 되지.

일반적으로 우리가 '나'라고 부르는 것은 우리 본래의 자아가 아니라는 게 문제야. 우리는 어떤 순간에 우리 자신이 더 큰 자아가 되는 체험을 할 수 있어. 많은 신비주의자가 이를 신이라고 했고, 다른 사람들은 '세계 영혼', '전체 자연', '대우주'라고도 했어. 신비주의자는 마치 바다로 섞이면서 물방울이 흩어지듯이 '자기를 잃고' 신의 내부로 사라지거나 없어지는 합일을 경험하게 돼. 이를 가리켜 인도의 한 신비주의자는 "내가 존재했을 때는 신이 존재하지 않았다. 이제 신이 존재하고, 더 이상 나는 존재하지 않는다." 라고 표현했어. 기독교의 신비주의자인 안젤루스 실레시우스(1624년~1677년)는 "물방울이 바다로 흘러들면 바다가 된다. 영혼이 신의 영접을 받으면 신이 된다." 라고 말했어.

지금 '자기를 잃는다'는 말이 너에게 별로 특별하지 않을지도 몰라. 물론, 네 생각도 충분히 이해해. 그러나 이 점을 깨달아야 해! 소피 네가 여기서 얻는 것에 비하면 네가 잃는 것은 한없이 작은 것에 지나지 않아. 지금 이 순간에 네가 지니고 있는 모습을 잃어버린다 해도 너는 실제로는 무한히 더 큰 어떤 것이 되는 거야. 이제 너는 전체 우주야. 네가 세계 영혼이며 신인 거야. 만일 네가 소피 아문센이라는 자기를 꼭 잃어야 한다면, 어차피 언젠가는 이 '일상의 자아'를 떠나야 한다는 사실이 네게 위로가 될 수도 있을 거야. 너의 참된 자아는 오직 네가 스스로를 벗어날 수 있을 때만 체험할 수 있는 것인데, 신비주의자들은 그것은 영원히 타오르는 놀라운 불꽃으로 여겼지.

하지만 그런 신비한 경험이 언제나 저절로 일어나지는 않아. 신비주의자는 신을 만나기 위해 종종 '정화와 순화의 길'을 걸어야 해. 이 길은 간소하게 생활하면서 명상하는 사람에게 주어지지. 신비주의자는 이 길을 가다 어느 순간 뜻을 이루고 이제 "나는 신이다!" 혹은 "나는 너다!" 하고 탄성을 지르게 돼.

모든 위대한 세계 종교에서 신비주의적 경향을 발견할 수 있어. 그리고 신비주의자가 자기의 신비주의 체험을 기술해놓은 글들에는 모든 문화적 차이에도 불구하고 비슷한 점이 많아. 신비주의자가 자기의 신비주의 체험을 종교나 철학적으로 해석하려 할 때, 비로소 문화적인 배경이 두드러지게 되지.

서양의 신비주의, 즉 유대교, 그리스도교, 이슬람교에서는 개인적인 신과 만나는 체험을 중요시해. 신이 자연과 인간의 영혼 속에 존재하지만, 또한 이 세계를 초월해 있기도 하지. 동양의 신비주의, 즉 힌두교, 불교, 중국의 종교에서는 신이나 '세계 영혼'과 하나가 되는 경지를 체험하는 것을 숭상한단다. 이를 경험한 신비주의자는 "나는 세계의 영혼이다." 혹은 "나는 신이다." 라고 말할 수 있어. 신은 이 세계에만 존재하지 않는 것이 아니라 그 밖에 어디에도 존재하지 않기 때문이야.

특히 인도에서는 플라톤이 등장하기 훨씬 오래전부터 강한 신비주의적 흐름이 있었어. 힌두교 사상을 서양에 전한 스와미 비베카난다는 "어떤 종교에서는 자기만 믿고 신을 믿지 않는 사람들을 무신론자라고 부르듯이, 우리는 자기 자신을 믿지 않는 사람을 무신론자라고 말한다. 자기 영혼의 숭고함을 믿지 않는 것을 우리는 무신론이라고 말한다."라고 표현했어.

신비주의 체험은 윤리학에서도 중요한 의미를 가져. 인도 대통령을 지낸 라다크리슈난이 "네 이웃을 네 몸같이 사랑해야 한다. 네가 바로 네 이웃이기 때문이다. 네 이웃이 너 자신과 다른 사람이라고 믿는 것은 착각이다."라고 말한 것처럼 말이야.

아무런 종교도 믿지 않는 현대인도 신비적 체험에 관해 이야기 할 수 있어. 갑자기 그들은 '이상한 의식'이나 '바다와 같은 느낌'이라고 할 만한 무엇을 체험해. 그들은 시간에서 풀려나는 것을 느끼고 '영원한 시간의 세계'를 체험하게 되지.

소피는 침대에서 일어나 앉았다. 여전히 몸이 그대로인지 느껴보려고 했다. 플로티노스와 신비주의자에 관해 읽는 동안, 자기 방을 지나 창문으로 나가 도시의 상공을 떠다니는 듯한 기분을 느꼈다. 소피는 광장의 모든 사람들을 내려다본 다음, 계속해서 북해와 유럽을 지나 아프리카의 사하라 사막과 드넓은 초원에 이르기까지 자기가 살고 있는 지구 위를 떠다녔다.

거대한 지구가 유일하게 살아 있는 한 사람이 되었고, 이 사람이 소피 자신인 것 같았다. '나는 세계다.' 하고 생각했다. 여태까지 두렵고 헤아리기 어렵던 우주가 바로 소피 자신이었다. 소피는 이제 이 거대하고 장엄한 우주만큼 커졌다.

소피는 환상에서 깨어나서도 이 감동을 오래 간직하겠다고 다짐했다. 그 순간 소피의 안에 있던 무언가가 이마에서 쏟아져 나와 다른 모든 것과 섞이는 것 같았다. 마치 한 방울의 색소가 물 한 컵을 온통 물들이듯이.

현실로 돌아온 소피는 불가사의한 꿈에서 깨어난 듯한 두통을 느꼈다. 너무 오래 누워서 알베르토 크녹스 선생님의 편지를 읽었기 때문에 등이 아팠다. 하지만 결코 잊지 못할 체험을 했다.

침대에서 일어난 소피는 맨 처음 편지에 구멍을 뚫어 파일의 다른 분류에 끼워 넣었다. 그러고 나서 뜰로 나갔다.

세계가 새로 창조된 듯 뜰에선 새들이 지저귀었다. 낡은 토끼장 뒤쪽의 자작나무들은 조물주가 아직 색 배합을 채 마치지 않은 듯, 선명한 연초록색을 띠고 있다.

정말 소피는 만물이 신적인 자아라고 생각했을까? 소피가 '한 줄기 불꽃' 같은 영혼을 지녔다고 생각했을까? 만일 그렇게 생각했다면 소피는 이미 신적인 존재이다.

우편엽서

…… 나는 나 자신에게 엄격한 검열을 받고 있다 ……

소피가 철학 선생님에게 소식을 듣지 못한 채 며칠이 지나갔다. 5월 17일은 목요일로 노르웨이의 국경일이었다. 소피는 18일도 쉬는 날이었다.

수요일, 학교에서 돌아오던 중 요룬이 갑자기 물었다.

"우리 캠핑 갈래?"

소피는 너무 오래 집을 떠나 있을 순 없다는 생각이 들었지만 생각을 가다듬고 그러자고 했다.

두 시간 뒤 요룬은 커다란 배낭을 메고 소피네 집에 왔다. 소피도 배낭과 텐트를 꾸려놓았다. 그 밖에 침낭과 따뜻한 옷, 고무 매트, 손전등, 차를 끓여 담은 큰 보온병 그리고 먹을 것을 많이 챙겼다.

두 사람은 5시쯤에 돌아오신 소피 엄마에게 해야 할 일과 해선 안 될 일에 관해 많은 주의사항을 들었다. 엄마는 그들이 어디에 텐트를 칠 생각인지도 알고 싶어 했다.

소피와 요룬은 티우르토펜으로 가려고 한다고 말씀드렸다. 어쩌면 내일 아침 그곳에서 들꿩의 울음소리를 들을 수 있을지도 모른다.

소피가 그 야영장을 선택한 것에는 한 가지 속셈이 있었다. 소피가 틀리지 않았다면, 티우르토펜에서 소령의 오두막까지는 그리 멀지 않았다. 무언가가 소피를 다시 그리로 이끌고 있었지만, 도무지 혼자 갈 자신이 없었다.

그들은 소피네 정원 문 앞 작은 갈림길에서 숲길로 들어섰다. 요룬과 소피는 오순도순 이야기했다. 철학과 관련된 모든 문제를 잠시 잊고 쉬게 돼서 홀가분했다.

8시쯤 그들은 티우르토펜 근처의 넓은 고원에 텐트를 쳤다. 바닥을 고르고 고무 매트를 깐 다음 침낭을 폈다. 저녁으로 샌드위치를 먹고 나서 소피가 물었다.

"너 소령의 오두막에 관해 들은 적 있니?"

"소령의 오두막?"

"이 숲 속 어딘가에 오두막이 있어……. 작은 호숫가에 말이야. 이상한 소령이 거기서 산 적이 있대. 그래서 소령의 오두막이라고 부르는 거야."

"지금도 누가 살고 있어?"

"우리 한번 둘러보고 올까?"

"근데 그게 어디 있는데?"

소피는 나무들 사이를 가리켰다.

요룬은 별로 내키지 않았지만 결국 따라나섰다. 태양이 중천에 떠 있었다.

키 큰 소나무 숲 사이를 지나서 덤불과 작은 숲을 힘겹게 지나 오솔길로 나왔다. 소피가 일요일 아침에 걷던 그 길인가?

그랬다. 소피는 곧 길 오른쪽 옆 나무들 사이로 뭔가 반짝이는 것을 가리켰다.

"저기 있다."

잠시 후 그들은 작은 호숫가에 섰다. 소피는 저 너머 오두막을 바라보았다. 창의 덧문들이 닫혀 있었다. 자그마한 빨간 집은 너무 황량해서 눈에 쉽게 들어왔다.

요룬은 두리번거리며 사방을 훑어보다가 물었다.

"호수를 걸어서 건너가야 하니?"

"아니, 노를 저어서."

소피는 갈대 위쪽을 가리켰다. 거기에는 이전처럼 노로 젓는 조각배가 있다.

"너 여기 와본 적 있어?"

소피는 머리를 가로 저었다. 요룬에게 지난번에 왔을 때의 일을 낱낱이 털어놓으면 너무 복잡해질 것 같았다. 어떻게 하면 알베르토 크녹스 선생님과 철학 강의에 대해 한마디도 발설하지 않을 수 있을까?

소피와 요룬은 이런저런 농담으로 하하호호 웃으며 노를 저어 호수를 건너갔다. 소피는 호수 건너편에 닿자 그 조각배를 육지로 끌어올려놓는 데 세심한 주의를 기울였다. 문 앞에 이르러 손잡이를 돌려보니 잠겨 있었다. 오두막 안에 아무도 없는 것이 분명했다.

"잠겨 있어. 혹시 다른 걸 기대한 것은 아니지?"

"열쇠를 찾아낼 수 있을 거야."

소피는 이렇게 말하고, 담벼락의 벽돌 사이를 살폈다.

"아, 이게 뭐야. 우리 텐트로 돌아가자."

몇 분 뒤 요룬이 말했다.

그때 소피가 외쳤다.

"열쇠를 찾았어, 열쇠를 찾았다고!"

의기양양하게 소피는 열쇠를 높이 쳐들어 보였다. 열쇠를 자물쇠에 꽂고 돌리자 문이 열렸다!

두 친구는 도둑처럼 살금살금 집 안으로 들어갔다. 안은 춥고 어두웠다.

"아무 것도 안보여."

요룬이 말했다.

소피 역시 그랬다. 소피는 가방에서 성냥갑을 꺼내 성냥을 그었다. 성냥불이 꺼지기 전에 오두막이 비어 있다는 것만 확인할 수 있었다. 소피는 새로 성냥불을 켰다. 이번에는 벽난로 위에서 철 촛대에 꽂힌 작은 초를 발견했다. 소피가 세 번째 성냥으로 초에 불을 붙이자, 이내 작은 방을 둘러볼 수 있을 만큼 밝아졌다.

"작은 초 하나가 이렇게 어두운 곳을 밝힐 수 있다니 신기하지 않니?"

요룬이 고개를 끄덕이자, 소피는 다시 말을 이었다.

"하지만 어딘가에서 이 빛은 어둠 속으로 사라질 거야. 원래 어둠 그 자체는 존재하지 않아. 어둠은 빛이 없는 것뿐이야."

"너 무슨 이상한 얘길 하는 거니! 우리 이제 나가자……."

"우선 이 거울을 봐봐."

소피는 전과 똑같이 서랍장 위에 걸려 있는 청동 거울을 가리켰다.

"참 아름답지……."

"하지만 그건 요술 거울이야."

"거울아, 거울아, 벽의 거울아, 이 나라에서 누가 제일 아름답지?"

"요룬아, 농담하는 게 아냐. 난 사람들이 이 거울을 통해서 반대편에 있는 것을 볼 수 있다고 생각해."

"너 여기 와본 적 없다고 하지 않았어? 나를 그렇게 놀리고 싶어?"

그 말에 소피는 아무 대답도 할 수 없었다.

"미안해."

그때 요룬이 방바닥 구석에 놓여 있던 무언가를 발견했다. 작은 상자였다. 요룬은 그것을 높이 들어올렸다.

"우편 엽서가 들어 있어."

소피의 숨이 가빠졌다.

"손 대지마! 건드리면 안 돼!"

요룬은 주춤하다가 마치 뜨거운 것에 덴 듯 들고 있던 상자를 떨어뜨렸다. 엽서가 바닥에 우르르 흩어지고 요룬의 웃음이 터져 나왔다.

"그냥 보통 우편 엽서잖아!"

요룬은 바닥에 앉아서 엽서를 주섬주섬 주웠다. 소피도 앉았다.

"레바논…… 레바논…… 레바논……. 모두 레바논에서 부친 거야."

요룬이 확인했다.

"알고 있어."

소피는 거의 울먹였다.

"그럼 전에 여기 와봤구나."

"그래."

소피는 여기를 다녀간 적이 있다고 순순히 털어놓으면 모든 일이 훨씬 가벼워지리라고 생각했다. 친한 친구에게 최근 며칠 동안의 비밀스러운 많은 사건들을 조금 알려줘도 그다지 문제가 되지 않을 것 같았다.

"여기서 처음 밝히고 싶었어."

요룬은 엽서를 읽기 시작했다.

"전부 웬 힐데 묄레르 크나그란 사람한테 보낸 거야."

소피는 여전히 엽서를 한 장도 건드리지 않은 채 말했다.

"그 주소가 전부야?"

요룬이 소리 내어 읽었다.

"힐데 묄레르 크나그, 알베르토 크녹스 댁, 릴레산, 노르웨이."

휴우, 소피는 안도의 한숨을 내쉬었다. 엽서에 소피 아문센 댁이라고 적혀 있을까 봐 불안했다. 그제야 소피는 엽서들을 더 찬찬히 뜯어보았다.

"4월 28일…… 5월 4일…… 5월 6일…… 5월 9일……. 이 엽서들은 바로 며칠 전에 소인이 찍힌 거구나."

"하지만 그게 다가 아니야. 모든 소인이 노르웨이어로 돼 있어. 여기봐, 유엔 평화 유지군! 우표도 노르웨이 거야……."

"내가 알기론 언제나 그랬어. 유엔 평화 유지군은 중립이래. 그래서 그 안에는 노르웨이 우체국도 있어."

"하지만 어떻게 이 우편물이 집으로 배달될까?"

"군용 비행기로 배달할 거야."

소피는 초를 바닥에 놓았다. 그리고 이제 두 사람은 엽서에 뭐라고 쓰여 있는지 읽기 시작했다. 요룬이 엽서를 날짜별로 정리하고 첫 번째 엽서를 소리 내서 읽었다.

사랑하는 힐데야! 내가 릴레산의 집으로 가기를 얼마나 고대하고 있었는지
알고 있지? 6월 23일 저녁 일찍 셰비크에 도착할 것 같아. 네 열다섯 번째 생
일에 맞춰 갈 수 있으면 얼마나 좋겠냐만, 군의 명령을 따라야 해. 대신 생일
날 네가 받게 될 커다란 선물에 온 신경을 다 쏟겠다고 약속할게.
— 늘 사랑하는 딸의 미래를 생각하는 아빠가!

추신 : 난 우리 둘 다 아는 한 사람에게 이 엽서의 사본을 보낼 거야. 이미 무슨
뜻인지 알고 있겠지? 지금 내겐 비밀이 많아. 너도 분명 알고 있을 거야.

소피가 다음 엽서를 집어들었다.

사랑하는 힐데야! 언젠가 우리는 이곳에서 다른 곳으로 옮겨 가야 해. 내가
언젠가 레바논에서 지낸 이 5월을 회상하면, 많은 기다림의 시간들을 기억하
게 될 거야. 하지만 나는 너의 열다섯 번째 생일날 가능한 한 멋진 선물을 주
려고 모든 노력을 기울이고 있어. 지금은 더 이상 이야기해줄 수 없구나. 나는
나 자신에게 엄격한 검열을 받고 있어.
— 사랑하는 아빠가

긴장한 두 친구는 숨을 죽이고 앉아 있었다. 둘 다 한마디도 하지 않은
채, 오로지 엽서에 적힌 것만 읽어 내려갔다.

사랑하는 내 딸! 한 마리 흰 비둘기에 내 고백을 실어 보낼 수 있다면 얼마나 좋을까. 하지만 레바논에선 흰 비둘기를 구할 수가 없구나. 전쟁으로 폐허가 된 이 나라에 정말 필요한 것이 있다면 그건 흰 비둘기일 거야. 유엔이 언젠가는 이 세상에 평화를 가져오면 좋을 텐데.

추신 : 혹시 네 생일 선물을 다른 사람과 나누어 가질 수 있겠니? 내가 집에 가면 보게 되겠지. 하지만 넌 아직 이게 무슨 뜻인지 전혀 모를 거야.

— 오랫동안, 우리 둘을 생각하는 사람이

소피와 요룬이 엽서 여섯 장을 읽고 나자, 남은 엽서는 단 한 장뿐이었다.

사랑하는 힐데야! 난 네 생일과 관계된 이 모든 비밀 때문에 정말 가슴이 터질 것 같아. 그래서 애써 마음을 가다듬고 있어. 하루에도 여러 번 전화를 걸어 모든 것을 털어놓고 싶은 마음을 말이야. 그런데 점점 심해지는구나. 너도 알다시피 무엇이든 점점 커지는 것은 혼자만 간직하기가 더욱 어려워지잖니.

— 사랑하는 아빠가

추신 : 넌 소피라는 소녀를 만나게 될 거야. 너희들이 만나기 전에 서로 조금 알 수 있도록 네게 보내는 모든 엽서의 사본을 소피에게 보냈어. 소피가 금세 모든 연결 고리를 눈치채게 될까, 힐데야? 지금까지 네가 알고 있는 만큼 소피도 알고 있단다. 소피에겐 요룬이라는 친구가 있어. 혹 그 친구가 도와줄 수 있을까?

요룬과 소피는 마지막 엽서를 읽고 나자마자 눈이 둥그래져 서로 쳐다보았다. 요룬이 소피의 손목을 붙잡고 말했다.

"나 무서워."

"나도."

"마지막 엽서는 언제 소인이 찍혔니?"

소피는 엽서를 다시 한 번 살펴보았다.

"5월 16일, 그러니까 오늘이야."

"말도 안 돼!"

요룬이 반박했다. 거의 화가 나 있었다.

둘은 소인을 자세히 살펴보았다. 틀림없었다. '90. 05. 16'이란 소인이 찍혀 있다.

"이건 정말 있을 수 없는 일이야."

요룬이 우겼다.

"그리고 난 누가 이 엽서를 썼는지 이해가 안 돼. 하지만 틀림없이 우리를 아는 사람일 거야. 근데 어떻게 오늘 우리가 여기 올 줄 알았을까?"

요룬은 너무 무서웠다. 하지만 힐데와 힐데 아빠가 관련된 이 일이 소피에게 전혀 새로운 일이 아니었다.

"이 일이 저 청동 거울과 어떤 식으로든 관계가 있다고 생각해."

요룬이 다시 움찔했다.

"레바논에서 소인이 찍히는 그 순간, 이 엽서들이 저 거울 속에서 떨어졌단 말은 아니겠지?"

"더 나은 생각 있어?"

"아니."

"하지만 그게 이곳의 유일한 수수께끼는 아니야."

소피는 일어나서 촛불로 벽에 걸린 두 그림을 비추었다. 요룬이 그림 쪽으로 몸을 숙였다.

"버클리와 비에르켈리. 이게 무슨 뜻이지?"

"나도 몰라."

이제 양초가 거의 다 타들어가고 있었다.

"이제 가자! 얼른 와!"

요룬이 말했다.

"이 거울을 가져가야겠어."

그러면서 소피는 몸을 일으켜 흰 서랍장 위에 걸린 커다란 청동 거울을 벽에서 떼내었다. 요룬이 막으려고 했지만, 소피는 멈추지 않았다.

그들이 바깥으로 나왔을 땐 여느 5월의 밤처럼 어두웠다. 아직까지는 덤불과 나무의 윤곽을 구별할 수 있었다. 작은 호수는 하늘을 비추고 있는 거울 같았다. 두 사람은 천천히 호수 건너편을 향해 노를 저었다.

텐트로 돌아가는 길에 두 사람 중 누구도 별달리 말을 많이 하지는 않았지만, 둘 다 상대방이 분명 그들이 본 것에 대해 골똘히 생각하고 있다고 여겼다. 때때로 놀란 새들이 포르르 날아올랐다. 부엉이 소리를 두 번이나 들었다.

소피와 요룬은 텐트가 있는 곳으로 돌아와서는 바로 침낭으로 기어 들어갔다. 요룬이 거울을 텐트 안에 두지 말자고 했다. 그들은 잠들기 전에 거울이 입구 바깥에 있는데도 어쩐지 벌써 기분이 섬뜩하다고 서로 숨김없이 말했다. 소피는 소령의 오두막에서 엽서도 가져왔다. 소피는 그것을 배낭 옆주머니에 넣어두었다.

다음 날 아침 둘은 일찍 잠에서 깼다. 소피가 먼저 침낭에서 기어 나와 장화를 신었다. 바깥 풀밭에 놓아두었던 커다란 청동 거울엔 이슬이 잔 뜩 맺혀 있었다. 소피는 스웨터로 이슬을 닦아내고 거울에 비친 자기 모습을 바라보았다. 다행히 레바논에서 그날 새로 날아든 엽서는 없다.

텐트 뒤편의 고원 위로 아침 안개가 자그마한 솜뭉치처럼 드문드문 끼어 있었다. 작은 새들이 발랄하게 지저귄다. 큰 새들은 보이지 않고 좀 처럼 소리도 들리지 않았다.

두 사람은 스웨터를 더 껴입고 텐트 앞에서 아침을 먹으면서 소령의 오두막과 비밀에 싸인 엽서에 관해 이야기를 나누었다.

소피와 요룬은 아침 식사 후 텐트를 꾸려, 집으로 걸음을 재촉했다. 소 피는 내내 그 청동 거울을 팔에 끼고 있었다. 거울이 무거워서 잠깐씩 쉬 어야 했다. 요룬이 한사코 거울에 손대기를 꺼려했기 때문이었다.

마을의 첫 번째 집을 향해 다가가고 있을 때 여기저기서 폭음이 들렸 다. 소피는 힐데의 아빠가 전쟁으로 폐허가 된 레바논에 관하여 쓴 글이 생각났다. 평화로운 나라에 사는 것이 얼마나 행복한지 비로소 깨달았 다. 그 폭음은 국경일을 축하하는 불꽃놀이의 폭죽 소리였다.

소피는 요룬에게 함께 집에 들어가서 코코아를 마시자고 했다. 소피 엄마는 그 큰 거울을 어디서 가져왔는지 꼬치꼬치 물었다. 소피는 소령 의 오두막에서 거울을 발견했다고 대답했다. 엄마는 그 오두막엔 아주 오래전부터 아무도 살지 않는다고 거듭 말했다.

요룬이 집으로 돌아가자 소피는 빨간 원피스를 꺼내 입었다. 국경일 의 남은 시간은 아주 평범하게 흘러갔다. 저녁 뉴스에서는 레바논에 주 둔하고 있는 노르웨이 유엔 평화 유지군이 벌이는 국경일 축하행사를 보도했다. 소피는 화면을 바라보았다. 화면 속에 보이는 군인 가운데 한 사람이 힐데의 아빠일 수도 있었다.

5월 17일, 이날의 마지막 일과로 소피는 자기 방에 그 큰 청동 거울을 걸었다. 이튿날 오전, 소피는 동굴에서 새로 온 갈색 편지봉투를 발견했다. 소피는 봉투를 뜯고 곧바로 읽기 시작했다.

두 문화권

…… 그래야만 너는 허공을 둥둥 떠다니지 않게 될 거야 ……

소피야, 이제 우리는 머지않아 곧 다시 만나게 될 거야. 나는 네가 소령의 오두막으로 다시 올 거라고 생각했어. 그래서 거기에 힐데 아빠가 보낸 엽서를 전부 놓아둔 거야. 그럼 힐데에게도 엽서들을 전할 수 있으니까.

그러니까 넌 힐데의 엽서에 대해 골치 아파 하지 않아도 돼. 6월 15일 까지는 아직 시간 여유가 있단다.

우리는 헬레니즘 철학자들이 고대 그리스 철학을 어떻게 반복했는지, 한술 더 떠 고대 그리스 철학자들을 교주로 치켜세우는 모습을 살펴보 았어. 아마 플로티노스는 플라톤을 거의 인류의 구원자로 섬겼던 게지.

그러나 우리가 알기로는 여기서 이야기하는 헬레니즘 시기에 다른 구원자가 탄생했어. 그것도 그리스·로마 문화권 밖에서 말이야. 바로 나사렛의 예수였지. 이 장에서 우리는 어떻게 기독교가 서서히 그리스· 로마 세계로 스며들었는지 살펴볼 거야. 마치 힐데의 세계가 우리 세계로 서서히 파고든 것과 비슷하지.

예수는 유대인이었고 유대인은 셈족 문화권에 속해. 그리스인과 로마인은 인도 게르만 문화권에 속하지. 그러니까 우리는 유럽 문명에 두 뿌리가 있음을 알 수 있어. 어떻게 기독교가 그리스·로마 문화와 서서히 섞이게 되었는지를 상세히 알아보기 전에, 우리는 먼저 이 두 문화권의 뿌리에 대해 더욱 정확하게 살펴보아야 해.

인도·게르만인

인도·게르만어를 사용하는 모든 나라와 문화를 '인도·게르만어족'이라고 불러. 핀란드-헝가리어족(셈족 언어, 핀란드어, 에스토니아어, 헝가리어)과 바스크족 언어를 제외한 모든 유럽 언어가 바로 인도·게르만어에 속하고 대부분의 인도어와 이란어도 인도·게르만어족에 속하지.

지금부터 약 4,000년 전에 인도·게르만 원주민이 흑해와 카스피 해 지역에 살았다고 해. 이 인도·게르만 종족들은 커다란 유랑의 물살에 휩싸이게 되지. 남동쪽으로는 이란과 인도로, 남서쪽으로는 그리스, 이탈리아, 스페인을 향해, 서쪽으로는 중부 유럽을 거쳐 영국과 프랑스를 향해, 북서쪽으로는 스칸디나비아를 향해 그리고 동유럽과 러시아를 향해 북쪽으로 뿔뿔이 흩어지게 되었단다. 이들 인도·게르만인들은 곳곳에서 인도·게르만 문화 이전의 문화와 융합했지만, 동시에 인도·게르만 종교와 언어 역시 중요한 역할을 했어.

따라서 고대 인도의 베다 성전과 그리스 철학, 그리고 심지어 스노리(북유럽 신화를 바탕으로『에다』를 쓴 시인이자 역사가-옮긴이)의 신화도 모두 친족 언어로 쓰인 거야. 하지만 언어만 유사한 것이 아니야. 대체로 비슷한 사고방식은 언어의 유사성에서 유래하잖아? 그러니까 이제 인도·게르만 문화권에 대해 이야기해보자.

인도·게르만 문화의 특징은 무엇보다도 수많은 신들을 믿는다는 거야. 이를 다신교라고 해. 여러 신들의 이름과 중요하고 많은 종교 용어와 표현들을 인도·게르만 전 지역에서 찾아볼 수 있어. 몇 가지 예를 들어볼게.

고대 인도인은 하늘의 신 디아우스(Dyaus)를 숭배했어. 이 신은 그리스어로 제우스(Zeus)를 말하고, 라틴어로는 유피테르(Jupiter), 고대 북구어로는 티르(Tyr)라고 불러. 그러므로 디아우스, 제우스, 롭(Lov), 티르는 똑같은 단어의 다양한 변형이야.

북유럽의 바이킹족이 아제(Ase)라고 부르는 신을 숭배한 것은 너도 알 거야. '제신(諸神)'이란 단어도 인도 게르만 전역에서 찾아볼 수 있지. 고대 인도어인 산스크리트어로 제신은 아수라(Asura)이고 이란어로는 아후라(Ahura)야. 신을 의미하는 그 밖의 단어는 산스크리트어로는 데바(Deva), 이란어로는 대바(Daeva), 라틴어로는 데우스(Deus), 고대 북구어로는 티부르(Tivurr)란다.

북유럽에서는 그 외에도 다산(多産)의 신을 의미하는 독특한 여러 단어가 있어. [예를 들어 뇨르(Njord), 프레이(Frøy), 프레이야(Frøya) 등이지.] 이러한 신들을 바넨(Wanen)이라고 표기했어. 이 단어는 라틴어에서 다산의 여신인 베누스(Venus)라는 이름과 유사해. 산스크리트어에는 이와 유사한 단어인 바니(Vani)란 말이 있는데, '쾌락' 또는 '욕구'를 의미해.

또 인도·게르만 전역의 여러 신화들 역시 친족 유사성이 분명하게 나타나. 스노리의 고대 북구 신들에 관한 이야기에서는 많은 신화들이 2,000~3,000년 전부터 내려오는 인도 신화를 떠올리게 해. 물론 스노리의 신화는 북구의 자연환경을 토대로 이루어졌고, 인도 신화에는 인도 자연환경의 특징이 나타나지. 그러나 신화 가운데 대부분이 같은 기원을 암시해. 이것은 무엇보다도 불로주(不老酒)와 혼돈 세계의 괴물에 대항하는 신들의 전쟁 신화에서 분명히 드러난단다.

사고방식에서도 여러 인도·게르만 문화 사이에 명백한 관련성이 있어. 인도·게르만인은 세계를 선한 힘과 악한 힘이 서로 화합하지 못하고 싸움을 벌이는 이야기로 생각했어. 이것은 인도·게르만 문화에서 공통적으로 볼 수 있는 전형적 세계관이야. 그래서 인도·게르만인은 세상에서 무슨 일이 벌어지게 되는지를 '예언'하려고도 했단다.

그리스 철학이 인도·게르만 지역에서 생겨난 점은 우연이라고 할 수 없어. 인도, 그리스, 북구의 신화는 철학적 또는 '회의적' 관찰 방식의 싹을 이미 내포하고 있는 거야.

인도·게르만인은 세상 이치를 꿰뚫어 보는 '통찰력'을 얻으려 했어. 그래서 우리는 인도·게르만 전역에서 각 문화에 따라 '통찰' 또는 '지혜'를 의미하는 특정한 단어를 찾아낼 수 있단다. 산스크리트어에서 이 단어는 비드야(vidya)고 이 단어는 그리스어 이데(idé)와 같은 뜻이야. 그 단어는 너도 알다시피 플라톤 철학에서 중요한 의미가 있지. 라틴어로는 비데오(video)인데, 로마어로는 단순히 '본다'는 뜻이야. (오늘날 쓰는 '비디오'라는 말의 원형인 셈이지.) 영어에서 지혜를 뜻하는 와이즈(wise)와 위즈

덤(wisdom) 같은 단어를 독일어로는 바이제(weise) 그리고 비센(Wissen)이라고 하지. 노르웨이어로 그 단어는 비텐(viten)이고 인도어 '비디아'와 그리스어 '이데'와 라틴어 '비데오'는 동일한 어근에서 비롯되었어.

일반적으로 본다는 것이 인도·게르만인에게는 매우 중요한 의미가 있었던 것 같지? 인도인과 그리스인, 이란인과 게르만인의 문학은 거대한 우주관(vision)이 특징이야. (단어 '비전'은 라틴어 '비데오'에서 유래됐지.) 그리고 신과 신화에 나오는 사건에 대한 형상과 조각물을 만드는 일은 인도 게르만 문화에서는 흔히 있는 일이었단다.

마지막으로 인도·게르만인은 순환론적 역사관을 가졌어. 즉 이들에게는 역사는 원을 그리듯 돌고 도는 것이며, 구체적으로 말해서 여름과 겨울 사이를 오가는 계절처럼 '주기'를 따라 운동한다는 거야. 그래서 역사에는 원래 시작도 종말도 존재하지 않는 거야. 죽음과 탄생을 반복하는 영원한 변화 속에서 생성하고 소멸하는 다양한 세계의 이야기가 존재할 뿐이지.

동양의 2대 종교(힌두교와 불교)는 인도·게르만 문화에 근원을 두고 있어. 이건 그리스 철학도 마찬가지란다. 우리는 한편으론 힌두교와 불교 사이에서, 다른 한편으론 그리스 철학 사이에서 분명한 유사성을 발견하게 됐지. 오늘날에도 힌두교와 불교는 철학적인 성찰에 중점을 둔다는 명백한 특징을 지니고 있어.

힌두교와 불교에서는 만물에 신성이 존재하고(범신론), 종교적인 통찰을 통해 인간이 신과 하나가 될 수 있음을 강조했어. (플로티노스를 기억하지?) 그러기 위해서는 대체로 엄격한 자기 성찰과 명상이 필요했기 때문에 소극적 태도와 은둔이 종교적 이상으로 여겨질 수 있었지. 그리스 세계에서도 많은 사람들이 영혼의 구원을 위해 금욕적 또는 종교적인 은둔 생활을 해야 한다고 생각했고. 중세 수도원 생활의 몇 가지 근본 원리는 이런 그리스·로마 세계의 관념에 근거를 두고 있단다.

그 밖에도 다양한 인도·게르만 문화에서는 영혼의 윤회에 대한 민음에 큰 의미를 두었고, 힌두교에서는 언젠가 윤회를 면하는 것이 모든 신자의 목표였어. 플라톤이 윤회를 믿었다는 것은 우리도 알고 있는 얘기지.

셈족

소피야, 이제 셈족에 대해 이야기해보자. 지금부터는 아주 다른 언어를 사용하는, 완전히 다른 문화권에 대한 이야기야. 원래 셈족은 아라비아 반도에서 유래했지만 셈 문화권은 세계적으로 널리 확대됐어. 2,000여 년 전부터 유대인은 선조들의 땅에서 멀리 떨어져 살게 되었어. 그 때문에 셈족의 역사와 기독교를 포함한 셈족의 종교는 그들의 지리적인 뿌리에서 가장 멀리 전파될 수 있었지. 게다가 셈족 문화는 이슬람의 확장을 통해 전 세계로 퍼지게 되었단다.

세 가지의 서양 종교, 즉 유대교, 기독교, 이슬람교는 셈족 문화를 배경으로 해. 이슬람교의 성전인 코란과 유대·기독교의 구약 성서는 서로 비슷한 셈족 언어로 쓰였어. 그러므로 '신'을 의미하는 구약 성서 단어 중 하나는 이슬람교의 알라(Allah)와 같은 어근을 갖고 있지. ('알라'라는 단어는 '신'을 의미해.)

이러한 연관성은 기독교가 등장한 뒤에 다소 복잡해졌어. 물론 기독교도 셈족 문화를 배경으로 하지만 신약성서는 그리스어로 쓰였고, 기독교의 신학이나 교리가 형성되었을 때 신학과 교리는 그리스어와 라틴어, 즉 헬레니즘 철학으로 표현됐지.

인도·게르만인이 다양한 신을 믿었다고 얘기했지. 일찍이 하나의 신을 믿어 온 셈족에게는 아연실색할 일이었을 거야. 우리는 그걸 유일신교라고 불러. 유대교, 기독교, 이슬람교에서는 하나의 신만이 존재한다는 기본적인 사고가 자리 잡고 있었어.

그 밖에 셈족은 공통적으로 직선적 역사관을 갖고 있었어. 여기서는 역사가 '처음과 끝을 갖는' 선으로 이해되지. 일찍이 하느님이 세상을 창조했고 역사가 시작되었어. 그러나 언젠가 역사는 끝이 나는데, 그것도 하느님이 산 자와 죽은 자를 심판할 '최후의 심판'으로써 끝나게 된다는 거야.

서양의 이 3대 종교가 보여주는 중요한 종교적 특징은 바로 역사의 역할이야. 즉 역사에 신이 등장한다는 것, 즉 신이 자신의 뜻을 펼치기 위해 역사가 존재하는 거지. 유일신인 하느님이 일찍이 아브라함을 '약속의 땅'으로 인도한 것처럼, 하느님은 인간의 삶을 '최후의 심판'에 이를 때까지 역사를 통해 인도한다는 거야. 그러고 나서 세계의 모든 악이 파괴된다는 거지.

셈족은 역사 속에 나타나는 신의 행위를 중요시했기 때문에 수천 년 전부터 역사 서술에 몰두했어. 그래서 역사적 뿌리를 추구하는 것이 그들의 종교 경전의 중심을 이루었지.

오늘날 예루살렘은 유대인, 기독교인, 이슬람교인 모두에게 중요한 성지야. 이것 역시 세 종교가 모두 공통된 역사적 배경을 갖고 있음을 시사해. 예루살렘에는 중요한 (유대교의) 회당과 (기독교의) 교회와 (이슬람교의) 사원이 있어. 그래서 예루살렘이 분쟁의 씨앗이 된 것은 더욱 비극적인 일이야. 사람들은 '영원한 도성'의 지배권을 다른 종교를 믿는 사람에게 넘겨주지 않기 위해 서로 수천 명을 죽이는 살육전을 계속하고 있어. 언젠가 유엔에서 예루살렘이 세 종교 모두의 집합지가 되도록 문제를 해결할 수 있다면! (그러나 철학 강의의 실제적인 부분에 관해선 더 이상 이야기하지 말고 그 부분은 힐데 아빠에게 맡겨두자. 유엔 평화 유지군 감시단원이 레바논에 있다는 것을 알고 있지? 더 자세하게 말하자면 그가 육군 소령이라는 것을 밝혀두마. 네가 조금씩 그 관련성을 예감하고 있다면, 그게 맞을 거야. 그렇다고 다른 경우에도 사건의 경과를 미리 예측해서는 안 되겠지만.)

인도·게르만인에게 가장 중요한 감각이 바로 시각이라고 했는데 셈족 문화권에서는 청각이 대단히 중요한 역할을 했어. 유대교의 신앙 고백이 "들어라, 이스라엘이여!"라고 시작하는 것은 우연이 아니야. 구약 성서에서 우리는 인간이 어떻게 하느님의 말씀을 '듣는가'를 읽었고, 유대의 예언자는 "그러므로 야훼(신)가 말씀하셨다." 라는 말로 예언을 시작했어. 또 기독교에서는 하느님의 말씀을 '듣는 것'에 비중을 두었어. 특히 유대교, 기독교, 이슬람교가 보여주는 예배의 특징은 성경을 낭독하는 거야.

인도·게르만인이 그들 신의 형상과 조각품을 만들었다고 말했지. 셈족에겐 원래 일종의 조형물 금지 규정이 있었는데 이는 그들이 신 또는 신성한 모든 것의 조형물이나 조각품을 만들지 못하게 한 거야. 구약 성서에도 인간은 신의 모형을 만들어서는 안 된다고 적혀 있고. 이 종교적

규율은 오늘날에도 이슬람교와 유대교에 적용된단다. 이슬람교에서는 전반적으로 사진과 조형예술에 대한 거부감이 있어. 인간은 무엇을 '창조할' 때 신과 경쟁해서는 안 된다는 것이지.

하지만 너는 교회에 하느님과 예수에 관한 조형물이 셀 수 없이 많다고 생각했을 거야. 맞아, 그것이 기독교가 그리스·로마 세계에서 대단히 큰 영향을 받았다는 걸 보여주는 사례야. (그리스 정교와 러시아 정교에서는 여전히 조각한 형상, 즉 성서에 기록된 역사의 장면을 새긴 조각물과 십자가상을 금지한단다.)

동양의 종교와는 반대로 서양 종교들은 신과 신의 창조물 사이에 넘을 수 없는 심연이 있음을 강조해. 구원이란 윤회에서 벗어나는 것이 아니라 죄에서 벗어나는 거야. 그 밖에도 종교 생활은 자기 성찰과 명상보다는 기도와 설교, 교리에 중점을 두고 있어.

이스라엘

소피야, 지금 내가 네 종교 선생님과 경쟁을 하려는 것은 아니지만 잠시 기독교의 유대교적인 배경을 살펴볼게.

하느님이 세계를 창조함으로써 만물이 생겨났어. 그 창조 과정을 성경 첫머리에서 찾아볼 수 있지. 그런데 인간은 곧 하느님을 배반했어. 그래서 아담과 하와가 에덴동산에서 쫓겨나고 이 세상에 죽음이 찾아온 거야.

하느님에게 복종하지 않는 한결같은 인간의 태도는 성서 도처에서 나타나. 「모세 5경」 중 제1권 '창세기'에서 책장을 계속 넘기면, 우리는 대홍수와 노아의 방주에 관한 얘기를 읽을 수 있어. 그리고 신이 아브라함과 그의 족속에게 하신 약속을 읽을 수 있지. 이 약속은 아브라함과 그의 족속에게 하느님의 계명을 지킬 것을 요구한 것인데, 후에 모세가 시나이 산 위에서 계명판(모세의 십계명)을 얻었을 때 갱신되었단다. 기원전 약 1200년경의 일이야. 그 당시에 이스라엘 사람들은 오랫동안 이집트에서 노예로 살다가 '하느님의 도우심'으로 그곳을 벗어나게 되었어.

기원전 1000년경에, 그러니까 아직 그리스 철학이 생기기 훨씬 전에 이스라엘에 사울, 다윗, 솔로몬 세 왕이 등장해 이스라엘 민족의 통일 왕국을 이룩했는데 특히 다윗 왕 때는 정치·군사·문화적 전성기를 누렸어.

왕을 정하면 백성이 성유를 발라 축성을 했어. 그래서 그들은 '기름 부은 자'라는 뜻의 메시아라는 칭호를 지니게 되었어. 종교적으로 볼 때 왕은 하느님과 백성 사이의 중개자야. 그래서 왕은 '하느님의 아들'이고, 나라는 '하느님의 나라'였지.

그러나 이스라엘은 곧 약해져서 북부 왕국(북이스라엘)과 남부 왕국(남유대)으로 나뉘었어. 기원전 722년에 북부 왕국은 아시리아에 짓밟혀 모든 정치적·종교적인 세력을 상실했고 남부 왕국도 상황은 썩 좋지 않았어. 기원전 586년에 바빌로니아에게 정복당했거든. 이제 예루살렘에서 성전은 다 파괴되고 백성의 대부분은 노예 신세가 되어 바빌론으로 끌려갔지. 이 사건을 바빌론 유수(幽囚: 잡아 가둠)라고 하는데 이스라엘 백성은 기원전 539년에야 풀려나 예루살렘으로 돌아가 성전을 다시 세웠어. 유대인은 이때부터 금세기 초까지 이방인의 지배를 받게 된 거야.

그런 상황에서 유대인들은 물음을 던졌어. '왜' 다윗 왕국이 멸망하고 유대인이 오랫동안 불행을 겪게 되었을까? 분명히 하느님은 이스라엘을 보호하겠다고 약속했고 이스라엘 백성도 하느님의 명령을 지키겠노라 서약했는데 말이야. 그래서 결국 사람들이 순종하지 않았기 때문에 하느님이 그들에게 벌을 내린 것이라는 견해가 널리 퍼지게 되었어.

　기원전 750년경에 그 백성이 하느님의 계명을 지키지 않아서 하느님이 벌하리라는 것을 예언하는 자들이 등장했어. 이들은 언젠가 하느님이 이스라엘을 심판하리라고 소리 높여 외쳤지. 그 예언을 '파멸의 예언'이라고 해.

　그 후에는 하느님이 곧 남은 백성들을 구원하고 다윗의 자손을 '평화의 왕'으로 삼으리라고 예언하는 자들도 등장했어. 곧 이 평화의 왕이 다윗 왕국을 재건하고 이스라엘 백성에게 행복한 미래를 보장하리라고!

　예언자 이사야는 "어둠 속에서 방황하는 백성은 커다란 빛을 볼 것이며 어둠의 땅에서 살고 있는 그들 위로 그 빛이 밝게 빛날 것이다."라고 말했어. 우리는 그 예언을 '구속(救贖: 예수가 대신 속죄하여 인류를 구원함)의 예언'이라고 해.

　정리하자면 이스라엘 백성은 다윗 왕 치하에서 행복하게 살았어. 이스라엘 백성이 고통스러운 상황에 처했을 때, 예언자들은 다윗의 족속에서 새로운 왕이 출현할 것을 예언했지. 즉 '메시아' 또는 '하느님의 아들'이 그 백성을 '구원'하고, 이스라엘은 다시 위대한 힘으로 '하느님의 나라'를 세울 것이라고 말이야.

예수

소피야, 내 얘기 따라올 만하니? '메시아', '하느님의 아들', '구원', '하느님의 나라'가 표제어야. 처음에는 이 모든 단어가 정치적 의미를 가졌어. 예수가 살던 시대에도 많은 사람들은 새로운 메시아를 다윗 왕과 동일한 정치적·군사적·종교적인 지도자로 생각했어. 그래서 구원자는 로마의 지배를 받던 유대인의 고통을 끝내줄 민족의 해방자로 여겨졌던 거야.

그러나 다른 목소리들도 분명히 있었어. 예언자들은 예수 그리스도가 탄생하기 이미 200년 전부터 메시아가 전 세계를 구원하리라는 것을 예언했어. 그 메시아는 유대인을 이방인의 구속에서 풀어줄 뿐만 아니라 모든 인간을 죄와 허물에서 구원할 것이며, 결국 우리 모두를 죽음에서 구원할 거라는 거지. 그리고 이런 의미의 구원에 대한 희망은 헬레니즘 문화 전반에 퍼져나갔어.

그리고 드디어 예수가 등장했단다. 약속된 메시아를 자처한 사람들은 그 외에도 많았고, 예수는 다른 예언자들처럼 '하느님의 아들', '하느님의 왕국', '메시아', '구원'이라는 말들을 썼어. 이렇게 예수는 오랜 예언과 결부되어 있었어. 그는 말을 타고 예루살렘에 들어와서, 백성에게 민족의 구원자로 섬김을 받았어. 그는 이렇게 전형적인 '즉위 의식'을 통해 왕위에 오른 고대의 왕들과 같았어. 예수는 백성들이 자기에게 성유를 바르자, "시간이 되었다. 하느님의 나라가 가까이 왔다." 라고 말했어.

이 모든 이야기들을 알아두는 것이 중요해. 하지만 더 중요한 것은 지금부터야. 예수는 자신이 군사·정치 지도자도 아니라는 것을 분명히

했다는 점에서 스스로 메시아라고 내세운 다른 모든 사람들과 구별돼. 예수의 사명은 훨씬 더 큰 것으로, 모든 인간을 구원하고 그들에게 하느님의 죄 사함을 알리는 것이었어. 예수는 사람들 사이를 다니면서 "하느님이 너의 죄를 용서하셨다."라고 말했어. 그건 사람들이 일찍이 들어보지 못한 말이었지. 그래서 오래지 않아 율법학자들 사이에 예수에 대한 반감이 싹텄고 결국 그들은 예수를 처형하기 위한 음모를 꾸미기 시작했어.

요컨대 많은 사람들은 예수 시대에 북과 나팔을 들고 (즉 불과 칼로) 하느님의 왕국을 재건할 메시아를 기다렸어. '하느님의 나라'라는 말은 예수의 설교에서도 일관된 중심 개념을 이루지만 그 말의 의미는 이제 비할 바 없이 확장되었어. 예수는 하느님의 나라를 이웃 사랑과 약한 사람 돕기, 그리고 모든 죄인에 대한 용서라고 가르쳤어.

여기서 우리는 옛날의 반(半)군사적인 메시아의 의미가 극적으로 변한 것을 알 수 있어. 사람들은 하느님의 나라를 재건할 최고 통치자를 기다렸어. 그때 예수가 나타나 하느님의 나라에 대해 설명했어.

"네 이웃을 너 자신과 같이 사랑하라."

여기서 끝이 아니란다, 소피야. 게다가 그는 우리가 우리의 적도 사랑해야 한다고 말했어. 그들이 우리의 한쪽 뺨을 때리면 우리는 똑같이 응대하는 것이 아니라 다른 쪽 뺨도 내주어야 한다고. 그리고 우리는 일곱 번뿐만 아니라 일곱 번씩 일흔 번이라도 용서해야 한다고.

예수는 평생에 걸쳐 창녀, 부패한 세무 관리, 민족의 배신자들과도 거리낌 없이 이야기했어. 그뿐만이 아니야. 자기 전 재산을 다 써버린 유랑인, 타락한 세무 관리, 돈을 횡령한 사람도 하느님에게 용서를 빌면 의로운 사람이 된다고 말했어. 그만큼 하느님의 은혜는 한없이 크다는 거였지.

그리고 너도 알다시피 예수는 더 많은 것을 보여주었어. 이제 너도 그 점을 확신할 수 있겠지. 예수는 '죄인'도 하느님 앞에서 의로워진다고 했어. 능력이 뛰어나다고 해서 거만하고 약삭빠르게 행동하는 바리새인 보다는 스스로 죄인이라 생각하는 사람들이 마땅히 죄를 용서받을 것이라고 말이지.

예수는 어떤 인간도 하느님의 은혜를 거저 얻을 수 없음을 강조했어. 우리는 스스로를 구원할 수 없어. (수많은 그리스인들이 그렇게 믿었지!) 예수가 산상 설교에서 엄격한 윤리적 요구를 내세웠을 때, 하느님의 뜻만을 나타내려고 한 것은 아니야. 그는 어떤 인간도 하느님 앞에서는 의롭지 못함을 보여주려고 했지. 하느님의 은혜는 무한하지만 우리는 기도로써 속죄를 구해야 한다는 말이지.

예수의 인격과 그의 가르침에 대한 더 상세한 이야기는 네 종교 선생님에게 맡겨둘게. 그건 상당히 중요한 과제야. 선생님이 어떤 의미에서 예수가 보통 사람이 아니었는지 밝혀주시기를 바라. 예수는 비범한 방식으로 그 시대의 언어를 사용해서 낡은 상투어에 대단히 새롭고 큰 뜻을 붙였어. 그가 십자가에서 죽을 수밖에 없었던 것은 조금도 놀라운 일이 아니야. 그의 급진적인 구원의 가르침은 많은 권력자들의 이익을 위협했으며, 결국 그들의 손에 죽임을 당할 수밖에 없었지.

소크라테스의 경우에서 우리는 인간의 이성에 호소하는 것이 얼마나 위험한 일인지를 알게 되었고, 예수의 경우에서는 이웃을 무조건 사랑하고 무조건 용서하라고 요구하는 것이 얼마나 위험한 것인지를 알 수 있어. 지금도 평화와 사랑, 가난한 이들 구호, 국사범 사면 요구에 힘 있는 나라들은 그럴 듯한 핑계를 늘어놓으며 죽는 소리를 하고 있지.

아테네의 가장 의로운 사람이 죄인으로 몰려 죽은 사실에 플라톤은 크게 분노했어. 기독교에 따르면 예수는 지금까지 가장 의로운 사람이었어. 그러나 그는 사형 판결을 받았지. 기독교의 가르침에 따르면 그는 인간을 위해 죽었어. 그것이 '예수가 대신한 고난'이야. 예수는 우리를 하느님과 화해시키고 벌을 면하게 하기 위해 인간의 모든 죄를 떠맡은 '고난 받는' 종이었어.

사도 바울

예수가 십자가에 못 박히고 땅에 묻힌 지 며칠 후에 부활했다는 소문이 돌자 그는 단순한 인간이 아니고 '하느님의 아들'이라고 알려졌어.

기독교회는 이 부활을 토대로 뿌리를 내렸어. 사도 바울은 '그리스도가 부활하지 않았다면 우리의 설교는 소용없고 우리의 믿음은 헛된 것'이라고 외쳤어.

이렇게 해서 이제 모든 사람들은 '육체의 부활'을 바랄 수 있게 됐어. 예수는 우리를 구원하기 위해 십자가에 매달렸지. 그런데 여기 유대적 토양에서는 '영혼의 불멸성'이나 '영혼의 윤회' 따위는 애당초 문제가 되지 않았다는 사실에 주목할 필요가 있어. 그것은 그리스적이고 인도·게르만적인 관념이야. 그러나 기독교의 가르침에 따르면 인간에게는 그 자체로서 불멸하는 것은 아무것도 없어. '영혼'도 마찬가지야. 교회는 육체의 부활과 영원한 삶을 믿어. 하지만 우리가 죽음으로부터 구원받는 것은 하느님의 기적을 통해 가능한 것이지 절대 우리의 공적이거나 영혼의 타고난 본성 때문이 아니야.

초기의 기독교도들은 예수를 믿음으로써 구원을 받는다는 '복음'을 널리 전파했어. 예수의 속죄를 통해서 하느님의 나라가 가까워졌다고 하니 이제 전 세계가 예수 그리스도의 복음에 관심을 기울이게 되었지. ('그리스도'라는 단어는 유대어 '메시아'를 뜻하는 그리스어고 '기름 부은 자'를 의미해.)

예수가 죽은 지 몇 년 뒤 바리새인 바울이 기독교에 귀의해서 그리스와 로마 세계 전역을 돌며 전도해 기독교를 세계 종교로 만들었어. 「사도행전」이 그런 행적을 전하고 있지. 바울이 전하는 하느님의 말씀과 가르침은 그가 여러 초대 교회에 보낸 수많은 편지를 통해서 널리 퍼졌어.

바울은 아테네로 가서 그 철학의 수도 광장을 거닐면서 '그 도시가 극심하게 우상을 숭배하고 있음'을 보고 격분했다고 해. 그는 아테네에 있는 유대교의 회당을 방문해서 에피쿠로스학파와 스토아학파 철학자들과도 대화했어. 그 사람들은 바울을 아레이오스 파고스 법정으로 데려갔어. 그 사람들은 다음과 같이 말했지.

"그대가 가르치고 있는 새로운 교리를 우리가 체험할 수 있겠소? 그대는 우리가 듣기에 전혀 새로운 것을 말하고 있소. 그러나 우리는 그게 무엇인지 기꺼이 듣고 싶소."

이런 일을 상상할 수 있겠니? 여기 한 유대인이 아테네의 광장에 나타나서, 십자가에 못 박혀 죽은 뒤 부활한 구원자의 이야기를 했던 거야. 이미 바울이 아테네를 방문했을 때부터 그리스 철학과 기독교의 구원론 사이에 충돌이 예고되었지. 그러나 바울은 아테네 사람들을 대화로 이끌 수 있었어. 그는 아레이오스 파고스 언덕 위, 그러니까 아크로폴리스의 자랑스런 신전들 사이에 서서 이런 연설을 했어.

"아테네 시민 여러분. 제가 보기에 여러분은 여러모로 강한 신앙심을 가지고 있습니다. 제가 아테네를 돌아다니며 여러분이 예배하는 곳을 살펴보니 '알지 못하는 신에게'라고 새겨진 제단까지 있었습니다. 여러분이 미처 알지 못한 채 예배해온 그 분을 이제 여러분에게 알려드리겠습니다.

그분은 이 세상과 그 안에 있는 모든 것을 만드신 하느님이십니다. 그분은 하늘과 땅의 주인이시므로 인간의 손으로 만든 신전에서는 살지 않으십니다.

또 하느님에게는 사람 손으로 채워드려야 할 만큼 부족한 것은 하나도 없으십니다. 하느님은 오히려 구원이 필요한 모든 사람들에게 생명과 호흡과 모든 것을 주시는 분입니다.

하느님께서는 한 조상에게서 모든 인류를 내시어 온 땅 위에서 살게 하셨고 또 그들이 살아갈 시대와 영토를 미리 정해주셨습니다.

이리하여 사람들이 하느님을 더듬어 찾기만 하면 만날 수 있게 해주셨습니다. 사실 하느님께서는 누구에게나 가까이 계십니다.

'우리는 그분 안에서 숨 쉬고 살아간다'는 말도 있지 않습니까? 또 한 시인도 '우리는 그의 자녀'라고 말하지 않았습니까?

우리는 하느님의 자녀이기 때문에 하느님을 인간의 기술로 금이나 은, 돌로 만들어낸 우상처럼 여겨서는 안 됩니다.

하느님은 사람들이 무지했던 때에는 눈감아주셨지만 이제는 어떤 인간도 다 회개할 것을 명령하십니다.

과연 하느님께서는 당신이 택한 사람을 시켜 온 세상을 올바르게 심판하실 날을 정하셨고 또 그를 죽은 자들 가운데서 다시 살림으로써 모든 사람들에게 그 증거를 보이셨습니다." (「사도행전」 17장 22절~31절)

아테네에서 사도 바울이 한 말이야. 우리는 기독교가 서서히 그리스·로마 세계로 스며든 내력을 이야기했지. 에피쿠로스학파나 스토아 철학 또는 신플라톤 철학과는 아주 달랐어. 그럼에도 바울은 그리스 문화 속에서 확고한 발판을 찾아냈어. 그는 모든 사람의 마음이 신을 추구하고 있다는 것을 알아차렸어. 그것이 그리스인들에게는 새로운 일이 아니었지. 바울이 말한 새로움이란 하느님이 인간에게 나타나고 실제로 그들과 만났다는 사실이야. 그러므로 하느님은 인간이 인식으로 추구할 수 있는 단순한 '철학적인 하느님'이 아니야. '금이나 은, 돌'로 만든 어떤 형상도 닮지 않았어. 그런 것들은 실제로 아크로폴리스와 거대한 시장에서 많이 찾아볼 수 있지. 그러나 하느님은 '사람의 손으로 만들어져 신전에서 사는' 것이 아니야. 하느님은 역사를 주관하고 인간을 위해 십자가에 못 박힌 인격적인 하느님인 거야.

사도행전에 따르면, 바울이 아레이오스 파고스 법정에서 그리스도가 죽음에서 부활했다고 말했을 때 몇몇 사람들의 비웃음을 받았으나 어떤 사람은 "우리는 계속 얘기를 듣고 싶소."라고 했고 결국 기독교도가 되었어. 그중 한 사람이 다마리스 부인인데, 그 당시에 기독교로 개종한 사람들 가운데에는 여자들이 많았어.

바울은 그렇게 전도 임무를 수행했어. 그리스도가 십자가에 못 박힌 뒤 불과 몇십 년 만에 이미 그리스와 로마의 주요 도시인 아테네, 로마, 알렉산드리아, 에페소스, 코린토스 등지에 기독교 교회가 생겼어. 그리고 300~400년이 흐르는 동안에 전체 그리스·로마 지역이 기독교 국가가 된 거야.

신앙고백

사도 바울은 기독교 전도자로서만 의미가 있는 것은 아니야. 기독교 공동체 내에서도 그의 역할은 결정적이었어. 당시에 기독교에 필요했던 것은 정신적인 지도였으니까.

한 가지 예를 들면 예수가 십자가 못 박힌 뒤 얼마 지나지 않아 유대인이 아닌 사람은 유대교를 거쳐서 기독교에 입문해야만 하는지에 대한 문제가 중요한 논란이 되었어. 예컨대 그리스인이 모세의 율법을 지켜야 하느냐는 것이었지. 바울은 그것을 필수적인 것으로 생각하지 않았어. 기독교는 유대교의 종파 이상이야. 기독교는 보편적인 구원의 복음을 모든 사람에게 전하는 것이지. 하느님과 이스라엘 사이의 '구약'은 하느님과 인간 사이에서 예수가 맺은 '신약'으로 바뀌었어.

그러나 기독교가 그 시대에 유일하게 새로운 종교는 아니었어. 헬레니즘 시대에는 강하게 종교 혼합 성향을 띠었거든. 그래서 교회는 기독교의 교리를 명백히 알려야 했지. 밖으로는 다른 종교와의 경계를 분명히 하고 교회 안의 불화를 막는 것이 중요했어. 이렇게 최초의 신앙고백이 생기게 됐지. 신앙고백은 기독교의 중요한 '교리'를 잘 드러내.

이 중요한 교리 가운데 하나는 예수가 신인 동시에 인간이라는 거야. 예수는 '하느님의 아들'일 뿐 아니라 하느님 그 자신이었어. 그러나 그는 인간의 삶을 살았고 실제로 십자가에서 고통을 당한 '진정한 인간'이야.

그건 모순처럼 보일 수도 있지만 교회의 복음은 바로 신이 인간이 되었다는 것을 알리는 거야. 예수는 '반신(半神)'이 아니야. (그러므로 인간과 신의 중간이 아니지.) 그러한 반신에 대한 믿음은 그리스와 헬레니즘 종교에서 아주 보편적이었어. 교회는 예수가 '완벽한 신이요, 완벽한 인간'이라고 가르쳤지.

추신

나는 모든 것이 어떻게 서로 얽혀 있는지를 설명하고 싶었어. 그리스·로마 세계에 기독교가 흘러들어온 것은 두 문화권이 극적으로 만났음을 뜻하고 아울러 문화가 역사적으로 크게 변천했음을 의미해.

이제 고대를 벗어나기로 하자. 초기 그리스 철학 이후 1,000년이 흘렀어. 이제 우리 앞엔 중세 기독교 시대가 놓여 있어. 이 시대 역시 1,000년가량 지속됐지.

독일 시인 요한 볼프강 괴테는 이러한 시를 썼단다.

지난 3,000년을
설명할 수 없는 이는
하루하루를 어둠 속에서

아무것도 모르는 채 살아가게 되리라.

하지만 너는 이런 종류의 인간이 되지 않길 바라. 네가 역사의 뿌리를 이해할 수 있도록 내가 노력할게. 그럼 그때 너는 인간이 될 거야. 그래야 벌거벗은 원숭이 이상의 존재가 될 수 있어. 또 그래야만 너는 허공을 둥둥 떠다니지 않게 될 거야.

'그럼 그때 너는 인간이 될 거야. 그래야 벌거벗은 원숭이 이상의 존재가 될 수 있어……'

소피는 작은 구멍을 통해서 정원의 울타리 안을 한동안 뚫어지게 바라보았다. 이제 역사의 뿌리를 아는 것이 소피에게 얼마나 중요한지 분명해졌다. 그것은 이스라엘 민족에게도 중요한 문제였다.

소피 자신은 그저 우연히 여기 존재하는 사람일 뿐이다. 그러나 소피가 자기 역사의 뿌리를 알 때, 소피는 뭔가 덜 우연적인 사람이 될 것이다. 소피는 이 지구에서 잠시 살다 가는 인간일 뿐이다. 그러나 인류의 역사가 소피 자신의 역사이기도 하다면, 소피는 어떤 면에서는 수천 살을 먹은 셈이다.

소피는 편지를 챙겨서 동굴 밖으로 기어 나왔다. 그리고 벌떡 일어나서 정원을 지나 자기 방으로 달려갔다.